EDISON LUCIO VARELA CÁCERES
Universidad de Los Andes, Abogado *Cum Laude*. **Universidad Central de Venezuela,** Especialista en Derecho de la Niñez y de la Adolescencia, profesor «Asistente» de Derecho Civil I Personas. **Universitat de Barcelona,** Máster en Derecho de Familia e Infancia

El Registro del Estado Civil
Vol. I Organización y principios sectoriales

Revista Venezolana de Legislación y Jurisprudencia, C.A.
Caracas, 2018

Editorial RVLJ (Revista Venezolana de Legislación y Jurisprudencia, C.A.)

Diseño y diagramación
Reinaldo R. Acosta V.

Corrección
Elizabeth Haslam

Depósito Legal N° DC2018000137
ISBN: 978-980-7561-02-0

Correo: revista_venezolana@hotmail.com
Twitter e Instagram: @la_rvlj. Web: www.rvlj.com.ve
Los Ruices, Edificio Annabela, Caracas-Venezuela. Código Postal 1071
Teléfono: (0212) 234.29.53

Acta de ascenso a la categoría de «asistente»

Quienes suscriben, María Candelaria Domínguez Guillén, Nayibe Chacón Gómez y Emilio Spósito Contreras, miembros del jurado designado por el Consejo de la Facultad (las dos primeras) y por el Consejo de Desarrollo Científico Humanístico de la Universidad Central de Venezuela (el último) para evaluar el trabajo de ascenso y la clase magistral de conformidad con el Reglamento del Personal Docente y de Investigación de Universidad Central de Venezuela, presentado por el profesor Edison Lucio Varela Cáceres (…) a los fines de su ascenso en el escalafón universitario a la categoría de Asistente, deja constancia de lo siguiente:

1. Leído como fue, por cada uno de los miembros del jurado, el trabajo de ascenso titulado: «Los principios sectoriales del Registro del Estado Civil», se fijó el día jueves 14 de diciembre de 2017, a las 9:00 a.m. para que el autor lo expusiera en forma pública, lo que éste hizo en la Sala de conferencias del Instituto de Derecho Privado de la Facultad de Ciencias Jurídicas y Políticas; mediante una exposición oral de su contenido, luego de lo cual respondió satisfactoriamente a las preguntas que le fueron formuladas.

2. Seguidamente, en esa misma fecha, siendo las 11:10 a.m. se dio inicio a la «Clase magistral». Efectuando el sorteo público del tema, resultó el tema: «4.- Protección civil de los derechos de la persona. Instrumentos internacionales de protección a la persona (generales). Referencia a la distinción entre derechos humanos, derechos de la personalidad y atributos de la persona», del respectivo programa aprobado por el Consejo de la Facultad. Acto seguido, el profesor procedió a realizar una exposición pública del tema durante una hora y al finalizar respondió satisfactoriamente las preguntas realizadas por el jurado. Todo de conformidad con el Reglamento del Personal Docente y de Investigación de la Universidad Central de Venezuela.

3. Una vez finalizadas las pruebas del trabajo de ascenso y la clase magistral, el jurado sin hacerse solidario de las ideas expuestas previa deliberación decidió calificarlas de suficiente, por considerar que ambos reúnen los requisitos establecidos del citado Reglamento, a saber conocimiento del tema, competencia pedagógica y uso de estrategias instrucciones que enriquecen el proceso de enseñanza-aprendizaje. Así mismo, el trabajo presentado constituye un esfuerzo personal del autor, cuyo enfoque, análisis y metodología representa un valioso aporte que sistematiza un área importante y hasta ahora poco desarrollada de la materia del Derecho Civil I (Personas), en consecuencia y de conformidad con el artículo 97 del referido Reglamento, el jurado por unanimidad otorga «Mención honorifica» y recomienda la publicación del mismo. En fe de los cual, se levanta la presente acta en Caracas, a los 14 días del mes de diciembre de 2017. Se deja constancia que actúo como coordinadora del jurado la profesora María Candelaria Domínguez Guillén.

Prof. Nayibe Chacón Gómez   Prof. Emilio Spósito Contreras

Prof. María Candelaria Domínguez Guillén
Tutora-coordinadora

*Dedico a mi esposa, Gianna Paola, como muestra
de mi afecto incondicional...*

Índice

Introducción 11

Capítulo I. Reflexiones sobre los principios generales del Derecho ... 15

    1.1. Principios generales del Derecho. Delimitación conceptual ... 16

    1.2. Principios generales del Derecho y los aforismos jurídicos 20

    1.3. Origen 23

    1.4. Funciones que despliegan los principios 27

        1.4.1. Interpretación 28

        1.4.2. Integración 34

        1.4.3. Unificación del sistema 35

        1.4.4. Oxigenación 36

    1.5. Clasificación 37

        1.5.1. Principios generales 39

            1.5.1.1. Principio general de la dignidad humana 40

            1.5.1.2. Principio general de la libertad 46

            1.5.1.3. Principio general de la buena fe 47

            1.5.1.4. Principio general de la igualdad 56

        1.5.2. Principios sectoriales 57

Capítulo II. Modelo de registro del Estado Civil Venezolano 59

    2.1. Registro del Estado Civil. Delimitación conceptual 59

    2.2. Sistema Nacional de Registro Civil 63

        2.2.1. Órganos de ejecución de políticas y directrices 66

2.2.2. *Órganos de cooperación*.. 69
2.2.3. *Órganos de gestión* 73
        2.2.3.1. Oficinas de Registro Civil............................. 74
        2.2.3.2. Secciones del Registro Civil en consulados
                y embajadas... 78

2.3. Archivos del Registro del Estado Civil................................ 79

    2.3.1. *Estructura del archivo digital y automatizado* 80
    2.3.2. *Estructura del archivo físico o libros* 84

2.4. Hechos y actos objeto de Registro del Estado Civil 86

2.5. Caracteres del Registro del Estado Civil................................ 88

    2.5.1. *Sistematizado* 89
    2.5.2. *Centralizado* 91
    2.5.3. *Automatizado* 93
    2.5.4. *Completo* 95
    2.5.5. *Intervención activa del registrador* 98

Capítulo III. Principios sectoriales del Registro del Estado Civil 101

    3.1. Principios expresos del Registro del Estado Civil....................... 102

        3.1.1. *Publicidad* 102
        3.1.2. *Eficacia administrativa* 109
        3.1.3. *Información* 112
        3.1.4. *Accesibilidad* 116
        3.1.5. *Unicidad* 120
        3.1.6. *Fe pública* 121
        3.1.7. *Primacía* 126
        3.1.8. *Igualdad y no discriminación*...................................... 127
        3.1.9. *Principio de interpretación y aplicación preferente*......... 129

3.2. Principios implícitos del Registro del Estado Civil 131

    3.2.1. Gratuidad 132

    3.2.2. Participación 134

Capítulo IV. Situaciones conflictivas en materia del Registro del Estado Civil y su solución de acuerdo con los principios sectoriales 137

    4.1. Modificación del nombre propio en caso de reasignación de sexo 137

    4.2. Determinación del orden de los apellidos 147

    4.3. Declaración de residencia y su trámite 157

    4.4. Número único de identidad 161

Conclusiones 165

Bibliografía 169

Introducción

La Ley Orgánica de Registro Civil constituye un texto legislativo de vanguardia, en el sentido que innova en el diseño de un Registro Civil sistemático y automatizado, superando con creces el vetusto modelo representado por el Código Civil, y si bien su importancia es más que evidente al regular las formas mediante las cuales se crean pruebas preconstituidad de los hechos y actos que afectan el estado civil de las personas, no se ha secundado dicho esfuerzo legislativo con los respectivos estudios doctrinales que examinen el nuevo entramado registral.

Lo anterior, en honor a la verdad no es del todo una sorpresa, ya que desde 1873 cuando se transformó el Registro Civil venezolano en laico, a la fecha, solo se pueden mencionar dos obras jurídicas dedicadas especialmente a explicar la institución de forma ordenada[1]. Obviamente, han existido esfuerzos parciales, como los diversos tratados de Derecho Civil, los manuales de Derecho Civil Personas, que en su temática tratan el asunto, así como opúsculos publicados en revistas y libros colectivos, pero en general se puede sostener que esta importante institución ha estado huérfana de doctrina nacional, situación que, además, es común en otras latitudes donde los estudios sistemáticos sobre el Registro también son escasos.

El panorama descrito ha generado un personal interés por la institución y por ello se ha reflexionado sobre algunos tópicos relacionados con el Registro del Estado Civil en otras oportunidades y se aspira a comenzar con este texto la preparación de un estudio completo de la mencionada figura jurídica. Por de pronto, se ha considerado pertinente iniciar el proyecto con el examen de dos

---

[1] Vale comentar que estas obras fueros escritas en la pasada década de los 60 por OBANDO SALAZAR y FEBRES CORDERO, profesores de la ilustre Universidad de Los Andes.

aspectos enlazados, como lo son la organización del nuevo modelo registral y la incorporación de un catálogo de principios interpretativos del texto legal, de manera que estas áreas sirvan de abre boca a las demás materias que se analizarán en entregas posteriores.

Sobre los principios conviene señalar que las normas del Código Civil que regulan el Registro Civil, no tipifican expresamente los principios sectoriales que regían al instituto, aunque varios de ellos se podían deducir de un análisis atento de la normativa. Así pues, se ha considerado útil evaluar el contenido de la Ley Orgánica de Registro Civil que innova en dicho aspecto y regula el asunto expresamente.

En tal sentido, para cumplir el cometido, es necesario efectuar un planteamiento doctrinal de los diversos aspectos conceptuales relacionados con los principios generales del Derecho, tarea indispensable para poder posteriormente evaluar los principios sectoriales que contiene la Ley Orgánica de Registro Civil. Por lo dicho, el primer capítulo se dedica a describir los aspectos medulares para así comprender la función y utilidad de los principios generales del Derecho. En cuanto a la taxonomía de los principios, se ha podido escindir una diferencia entre principios generales y principios sectoriales que resulta en extremo útil para la comprensión de las normas de la Ley Orgánica de Registro Civil que se estudiaran posteriormente.

Seguidamente, comprendiendo que el arquetipo diseñado por el legislador a través de la Ley Orgánica de Registro Civil es novedoso y representa un nuevo paradigma para nuestro ordenamiento jurídico, se ha juzgado prudente desarrollar en el segundo capítulo, una descripción de los aspectos medulares que condensan dicho modelo de Registro. Para tales propósitos se comienza por definir al Registro Civil, exponer su nueva organización subjetiva, así como la estructuración de su archivo que ahora se pretende que sea digital y automatizado, se indican los actos y hechos que se inscriben, igualmente los caracteres que se manifiestan en este nuevo enfoque.

Una vez edificado el marco mediante el cual se diseña el nuevo modelo registral, se continúa con el estudio específico, en el tercer capítulo, de cada uno de los principios sectoriales del Registro Civil que se deducen de la Ley Orgánica, iniciando con aquellos que son expresos y continuando con los que se consideran implícitos y, por tanto, se derivan del texto de la Ley. Aquí, además de explicar su ámbito de aplicación, se establecen sus relaciones con los principios generales del Derecho del cual no son otra cosa que su adecuado desarrollo. También, se dilucida su verdadera naturaleza y si auténticamente corresponde su estructura a un «principio» o a una «regla jurídica» indiferentemente de la terminología usada por el legislador al regularlos.

Como se visualizará, la idea central consiste en demostrar que los principios generales del Derecho y los derivados principios sectoriales constituyen elementos indispensables para la resolución de los problemas surgidos de la interpretación de las normas que rigen el Registro del Estado Civil. En consecuencia, en el último capítulo, se realiza una aplicación de los principios generales y de los sectoriales a través de cuatro casos controversiales en los cuales se presentan distorsiones en su resolución y que por medio de los principios se pueden dilucidar de forma satisfactoria. En tal sentido, el cuarto capítulo permite demostrar la utilidad práctica de la doctrina de los principios y cómo ellos representan verdaderas normas jurídicas que coadyuvan en la aplicación e interpretación del Derecho. Se cierra este trabajo con las pertinentes conclusiones.

Finalmente, ambicionamos que la comunidad científica y los operadores jurídicos puedan valorar en su justo mérito este trabajo y que el mismo abone en la pronta puesta en práctica del modelo de Registro Civil automatizado, el cual, como se destaca en las líneas que siguen, está diseñado para promocionar los derechos fundamentales de los ciudadanos y, en especial, de los niños y adolescentes al facilitar su correcta identificación.

Capítulo I
Reflexiones sobre los principios generales del Derecho

Pensar sobre los principios generales del Derecho es un asunto complejo, ya que dicho concepto ha estado sujeto a diversas querellas doctrinarias, muchas de ellas de carácter iusfilosóficas. En el presente capítulo se anhela iniciar con una explicación de su base teórica, para luego ir adentrándose en los capítulos subsiguientes en un enfoque práctico que evidencie su importancia en la resolución de los problemas concretos que surgen en la dinámica social. Recuérdese que «el Derecho positivo no es algo estático, sino cinético» y que para la ciencia del Derecho es igualmente importante el estudio de su dimensión ontológica, como la fenomenológica y, por supuesto, la deontológica[2].

En tal sentido, aunque hoy en día pueda sonar a perogrullada, los principios generales del Derecho son verdaderas normas jurídicas y, por tanto, son de obligatorio cumplimiento por los diversos operadores jurídicos, de allí que su estudio entra en el campo del Derecho.

Para comprender con precisión la anterior afirmación, se debe empezar por reflexionar en la idea que expresa la palabra «principio». Así pues, para REALE: «Toda forma de conocimiento filosófico y científico implica la existencia de principios; es decir, de ciertos enunciados lógicos que se admiten como condición o base de validez de las demás afirmaciones que constituyen un determinado campo del saber»[3]. CRETELLA JUNIOR señala: «son las proposiciones básicas, fundamentales, típicas, que condicionan todas las estructuras

---
[2] Vid. LOIS ESTÉVEZ, José: *Proceso y forma (ensayo de una teoría general del proceso)*. Librería Porto. Santiago, 1947, pp. 9 y 10.
[3] REALE, Miguel: *Introducción al Derecho*. 9ª, Ediciones Pirámide. Trad. Jaime BRUFAU PRATS. Madrid, 1989, p. 139.

inmediatas. Principio, en este sentido, es la base, el fundamento de la ciencia»[4]. Esto implica que la existencia de los principios no se reduce al campo jurídico, sino que son propios de todas las áreas del conocimiento[5], existiendo algunos que son universales y, por tanto, comunes a los diversos campos del saber, tales como los denominados principios lógicos formales –llámese de identidad, contradicción, exclusión y razón suficiente–[6].

Es evidente que en el campo jurídico las «verdades fundamentales» o principios, son esenciales, ya que forman parte de su objeto de estudio –las normas jurídicas–, circunstancia que ha ocasionado que en esta disciplina se haya usado y abusado del concepto al grado que en determinados supuestos se identifican como «principios» postulados que no poseen tal esencia. En todo caso, la advertida distorsión origina una meditación partiendo de su definición, asunto que se atenderá de seguida:

1.1. Principios generales del Derecho. Delimitación conceptual

Según comenta REALE, «los principios generales del Derecho son enunciados de valor genérico que condicionan y orientan la comprensión del ordenamiento jurídico, tanto para su aplicación e integración como para la elaboración de nuevas normas»[7].

Para ARCE Y FLÓREZ-VALDÉS, son «ideas fundamentales sobre la organización jurídica de una comunidad emanadas de la conciencia social, que cumplen

---

[4] CRETELLA JUNIOR, José: «Los principios fundamentales de Derecho Administrativo». En: *Revista de Derecho Administrativo*. Año 2, Nos 3, 4 y 5. Ediciones Depalma. Buenos Aires, 1990, p. 429.

[5] RAMIS M., Pompeyo: *Esencia prejurídica del Derecho*. ULA. Mérida, 2002, p. 14, «Todas las ciencias investigan algún tipo de principios o tal vez intentan formularlos, porque de lo contrario no serían ciencias».

[6] CRETELLA JUNIOR: art. cit. («Los principios fundamentales...»), p. 430, los denomina principios omnivalentes (*omnis*, todo y *vantentes*, que valen), es decir, son principios universales.

[7] REALE: ob. cit. (*Introducción al Derecho*), p. 140.

funciones fundamentadoras, interpretativa y supletoria respecto de su total ordenamiento jurídico»[8].

Al respecto, señalan HOČEVAR GONZÁLEZ y RAMOS PASCUA: «son directrices generales, a veces explícitamente formuladas, pero normalmente implícitas en el Derecho que inspiran y del que constituyen sus fundamentos políticos-morales»[9].

Por su parte, GONZÁLEZ PÉREZ destaca que los principios jurídicos «tiene en si valor normativo», «Existen con independencia a su formulación», «constituyen la base del ordenamiento jurídico», «son las ideas fundamentales e informadoras de la organización jurídica de la Nación», «tienen pleno valor de fuente jurídica; forman parte del ordenamiento»[10].

RECASENS SICHES, recuerda: «El actual Derecho legislado se ha formado rindiendo culto a unos principios ideales, que ha ido incorporando en mayor o menor proporción a sus textos y a los que ha apuntado intencionalmente el legislador»[11]. Según ESSER, «por ser principios, son eficaces independientemente del texto legal. Éste, al consagrarlos, les da fuerza obligatoria, pero no altera su esencia. De esta suerte, constituye un *ius* previo y exterior a la *lex*»[12]. Por su parte, GARCÍA DE ENTERRÍA, al comentar el significado de la expresión principios generales del Derecho, sostiene:

---

[8] Citado en RUÍZ MIGUEL, Carlos: «Recensiones: Joaquín Arce y Flórez-Valdés: Los principios generales del Derecho y su formulación constitucional. Civitas. Madrid, 1990». En: *Revista de Estudios Políticos*. N° 71. CEPC. Madrid, 1991, p. 337.

[9] HOČEVAR GONZÁLEZ, Mayda y RAMOS PASCUA, José Antonio: *Teoría del Derecho (una introducción a la filosofía del Derecho)*. ULA. Mérida, 2013, p. 154. Comenta RAMIS, Pompeyo: «Los principios universales del Derecho». En: *Dikaiosyne*. N° 1. ULA. Mérida, 1998, pp. 144 y 148, «solo en los primeros principios puede el jurisperito encontrar la verdadera y última fundamentación de la ciencia que profesa», lo que «significa hacerlo desde las más remotas razones de los valores encarnados en las leyes».

[10] GONZÁLEZ PÉREZ, Jesús: *El principio general de la buena fe en el Derecho Administrativo*. Real Academia de Ciencias Morales y Políticas. Madrid, 1983, pp. 44 y 45.

[11] RECASENS SICHES, Luis: *Estudio de la Filosofía del Derecho*. 3ª, UTEHA. México D. F., 1946, p. 302.

[12] Citado en REALE: ob. cit. (*Introducción al Derecho*), p. 140.

... transcienden las normas concretas y porque en ellos se expresan siempre necesariamente un orden de valores de justicia material. Son a su vez, nódulos de condensación de valores ético-sociales y centro de organización del régimen positivo de las instituciones y animadores de su funcionamiento. Es justamente en este punto donde se anudan el mundo formal de las normas y el material de los valores de la justicia[13].

AGUILÓ REGLA destaca –siguiendo a ATIENZA y RUIZ MANERO–, que «los teóricos del Derecho usan la expresión principios jurídicos con diversos sentidos», a saber:

> a. Como norma muy general, entendiendo por tal la que regula un caso cuyas propiedades son muy generales; b. como norma redactada en términos particularmente vagos; c. como directriz o norma programática, esto es, norma que estipula la obligación de perseguir determinados fines; d. como norma que expresa los valores superiores de un orden jurídico; e. como norma dirigida a los órganos de aplicación del Derecho y que señala, con carácter general, cómo se debe seleccionar la norma aplicable, interpretarla, etc. f. como *regula iuris*, esto es, como enunciado o máxima de la ciencia jurídica que tiene un considerable grado de abstracción y que permite la sistematización del orden jurídico o una parte del mismo[14].

Para comprender en plenitud a que se hace referencia urge establecer una precisión terminológica, aunque sobre el punto los autores no estén completamente de acuerdo, se considera que el Derecho está compuesto por normas jurídicas y que ellas se pueden fragmentar en reglas jurídicas y en principios jurídicos[15].

---

[13] GARCÍA DE ENTERRÍA, Eduardo: *Justicia y seguridad jurídica en un mundo de leyes desbocadas*. Civitas. Madrid, 2000, p. 105.

[14] AGUILÓ REGLA, Josep: *Teoría general de las fuentes del Derecho (y del orden jurídico)*. Ariel. Barcelona, 2000, p. 133.

[15] LÓPEZ DE LA VIEJA, María Teresa: *Principios morales y casos prácticos*. Tecnos. Madrid, 2000, p. 19, «Las normas siempre prescriben o prohíben algo, pudiendo ser de dos tipos, principios y reglas». Cfr. PARRA ARANGUREN, Fernando: «Las normas fundamentales en el anteproyecto de Ley del Trabajo». En: *Revista de la Facultad de*

La escisión es útil a la hora de examinar la jerarquía de cada estructura y su función, mas, por ahora, solo interesa advertir que los principios generales del Derecho pertenecen a la especie «norma jurídica» y, por tanto, regulan la conducta de forma obligatoria y además tienen un soporte valorativo.

Por lo señalado, BOBBIO apunta: «los principios generales no son sino normas fundamentales o generalísimas del sistema, las normas más generales. El nombre de principios llama a engaño, tanto que es vieja discusión entre los juristas si los principios generales son normas. Para mí es indudable que los principios generales son normas como todas las otras»[16].

Señala CASSAGNE que constituyen «la causa y base del ordenamiento porque son los soportes centrales de todo el sistema, al cual prestan su sentido», por

---

Ciencias Jurídicas y Políticas. N° 65. UCV. Caracas, 1986, p. 35, el Derecho o norma jurídica «abarca, además más de las reglas positivas que lo integran, los principios fundamentales que lo informan». VIGO, Rodolfo L.: «Una teoría distintiva 'fuerte' entre normas y principios jurídicos». En: *Sobre los principios jurídicos*. Abeledo-Perrot. Buenos Aires, 1998, p. 119, efectúa la distinción a la inversa, así indica: «es más coherente con el lenguaje jurídico actualmente en uso en nuestra comunidad jurídica llamar al género 'reglas jurídicas' y a las especies 'normas jurídicas' y 'principios jurídicos'». Para AGUILÓ REGLA: ob. cit. (*Teoría general…*), p. 136, «la mejor manera de caracterizar los principios jurídicos, mostrando de forma clara su diferencia con las reglas, consiste en afirmar que son un tipo de pauta de conducta en la que no se define caso, que no cuenta con supuesto de hecho» y siguiendo a VON WRIGTH son: «normas cuyas condiciones de aplicación se derivan exclusivamente de su propio contenido».

[16] BOBBIO, Norberto: *Teoría general del Derecho*. 3ª, Temis. Bogotá, 2007, p. 245. *Cfr.* HOČEVAR GONZÁLEZ y RAMOS PASCUA: ob. cit. (*Teoría del Derecho…*), p. 154, «es indudable que los principios tienen dimensión normativa, puesto que de hecho funcionan como normas». URDANETA FONTIVEROS, Enrique: *Estudio de Derecho Inmobiliario-Registral*. 3ª, UCAB. Caracas, 2010, pp. 15 y 77, «tales principios son verdadera ley y no simplemente enunciados (…) sirven de base para la interpretación de las reglas particulares del ordenamiento», su utilidad «estriba en que se trata de normas cuya formulación ha sido convencionalmente abreviada, de forma tal que con una sola palabra o mención se da a conocer una determinada regulación jurídica» (véase también: URDANETA FONTIVEROS, Enrique: «Los principios inmobiliarios-registrales en la nueva Ley de Registro Público y del Notariado». En: *Estudios de Derecho Civil. Libro homenaje a José Luis Aguilar Gorrondona*. Vol. II. TSJ. Fernando PARRA ARANGUREN, editor. Caracas, 2002, pp. 712 y 787).

tanto, son «orientadores e informadores del ordenamiento permitiendo, a través de su interpretación, realizar una labor correctiva o extensiva de las normas»[17].

Entonces, a título de colofón de este apartado, como lo advierten los vocablos que componen este concepto, un principio general del Derecho es una expresión normativa base, es decir, que funge de soporte a todo el ordenamiento jurídico por su carácter axiológico, poseen aplicación concreta en la interpretación del Derecho y no se limitan a expresar determinado sentido de la ley, sino de todo el plexo normativo. En definitiva, son normas fundamentales e informadoras que, por su esencia, privan en la interpretación y aplicación del Derecho. Son generales y, en tal sentido, se extienden a todo el ordenamiento jurídico. Están sustentados en valores jurídicos, lo cual le imprime un carácter superior que se expresa en la jerarquía que poseen en la regulación de las conductas.

1.2. Principios generales del Derecho y los aforismos jurídicos

Lo expuesto hasta hora permite establecer una clara diferencia entre los principios generales del Derecho y otras expresiones similares como lo serían los aforismos jurídicos. Efectivamente, un aforismo o axioma establece una forma de proceder, producto de una práctica reiterada que es extraída a través de la inducción, para elevarlo a brocardo[18], pero que carece del elemento axiológico,

---

[17] GRECCO, Carlos M.: «Bibliografía: Juan Carlos CASAGNE: *Los principios generales del Derecho en el Derecho Administrativo*. Abeledo-Perrot. Buenos Aires, 1988». En: *Revista de Derecho Administrativo*. Año 2, Nos 3, 4 y 5. Depalma. Buenos Aires, 1990, p. 402.

[18] Afirma DU PASQUIER, Claude: *Introducción a la teoría general del Derecho y a la filosofía jurídica*. 2ª, Librería Internacional del Perú. Trad. J. B. DE LAVALLE y J. AYASTA GONZÁLEZ. Lima, 1950, p. 87, «Muchas veces la doctrina y la jurisprudencia han llegado a condensar en una fórmula feliz un principio del que las reglas positivas no son sino paráfrasis. Así han nacido los adagios, los aforismos, especies de proverbios jurídicos acuñados como medallas». Pero sostiene CASTÁN TOBEÑAS, José: *Teoría de la aplicación e investigación del Derecho*. Reus. Madrid, 1947, p. 339, «Los principios generales del Derecho a que se refieren los códigos modernos, no son reglas o máximas estereotipadas. Es un error identificarlos con los aforismos jurídicos que la tradición y la práctica viene consagrando».

es decir, la pauta así establecida no posee necesariamente un soporte valorativo que permita considerarlo un principio, únicamente sintetiza una forma de actuar ante determinados supuestos, lo cual le resta la validez jurídica que sí poseen los principios[19].

Exempli gratia, el aforismo *dura lex sed lex*[20], condensa la idea de que la ley es obligatoria y, por tanto, no es válido el pretexto de que las consecuencias que genera son desfavorables o injustas en su aplicación al caso concreto. Sin embargo, lo anterior no es del todo cierto, por cuanto el Derecho tiene soportes en valores superiores que obligatoriamente deben ponderarse al momento de regular las conductas e interpretar las disposiciones jurídicas; así, las figuras del «abuso de derecho»[21] o la teoría del «levantamiento del velo corporativo» son ejemplos claros de la reacción del ordenamiento ante el uso antisocial del titular de una facultad y de cómo debe evitarse su aplicación irracional, en contra de los valores que nutren el sistema jurídico.

Véase otro ejemplo: en la máxima: *in claris non fit interpretatio*, se deduce de tal aforismo que la norma cuando es clara no requiere de interpretación, fortaleciendo así el método literal. Empero, lo cierto del caso es que todo proceso de aplicación de una norma es interpretación, y sostener que una disposición es clara implica de suyo un análisis exclusivamente literal o gramatical[22]. Contrario

---

[19] A este respecto, EGAÑA, Manuel Simón: *Notas de introducción al Derecho*. Editorial Criterio. Caracas, 1984, p. 171, comenta «Aun cuando los abogados y juristas prácticos, así como los científicos, usan y abusan de estos adagios, que a veces gozan de la autoridad del tiempo, ellos solo expresan criterios con respecto del Derecho. No constituyen normas de ninguna especie, pero revisten interés por cuanto a través de los mismos se ha consagrado una serie de principios, algunos de los cuales verdaderamente valederos».

[20] *Vid.* D'ORS, Álvaro: «*Dura lex sed lex*». En: *Anuario de Historia del Derecho Español*. N° 51. Madrid, 1981, pp. 683 y 684.

[21] *Vid.* DOMÍNGUEZ GUILLÉN, María Candelaria y VARELA CÁCERES, Edison Lucio: «El abuso de derecho. Un estudio tres autores». En: *Revista Venezolana de Legislación y Jurisprudencia*. N° 8. Caracas, 2017, pp. 515 y ss.

[22] *Vid.* DOMÍNGUEZ GUILLÉN, María Candelaria: *Ensayos sobre capacidad y otros temas de Derecho Civil*. 3ª, TSJ. Caracas, 2010, p. 746, quien afirma que, a diferencia de tiempos anteriores, se admite que toda ley requiere de interpretación, desechándose la

a lo que aspira el aforismo, lo que ocurre es un efecto contrario por cuanto bajo la excusa de la luminosidad de la norma el juez no efectúa un análisis completo de la disposición que se le pide aplicar y con ello puede evitar hacer un pronunciamiento expreso sobre un punto que se le puede estar solicitando, lo que en palabras llanas podría implicar denegación de justicia o inmotivación[23]. Por lo anterior, Sanojo advertía: «a veces la ley es clara en sus términos, y con todo, puede presentarse dificultades en su aplicación práctica, y es por lo mismo necesario averiguar cuál es su verdadero sentido, no obstante que éste aparezca claro, en atención a los términos en que está concebida»[24].

Igualmente, existen diversos casos donde el aforismo ha sido elevado a la categoría de principio sectorial del Derecho, como ocurre con: *pacta sunt servanda, nullum crimen nulla poena sine praevia lege poenali, iura novit curia* o *non bis in idem*, entre otros. Por lo dicho, es necesario tener en cuenta lo que sostiene Reale:

> A pesar de las críticas y de las condenaciones vehementes, los brocardos jurídicos continúan presentes en el foro y son invocados en decisiones judiciales y en obras eruditas, preferentemente en su original y sucinta forma latina. Lo cual demuestra que en ellos hay algo que continúa válido y que

---

equivocada creencia que «lo claro no requiere interpretación». Se ha dicho con razón que no se debe confundir la falta de interpretación con la dificultad en la misma; una ley que se presenta sencilla, también ha sido interpretada, pues tal conclusión supone una tarea previa aunque rápida de parte del intérprete. *Vid*. artículo 1281 del Código Civil español: «Si los términos de un contrato son claros y no dejan duda sobre la intención de los contratantes se estará al sentido literal de sus cláusulas. Si las palabras parecieren contrarias a la intención evidente de los contratantes, prevalecerá ésta sobre aquellas», es decir, en el primer supuesto se privilegia la interpretación gramatical y en el segundo el método finalista.

[23] Por lo dicho, advierte de Ruggiero «Tiene la apariencia de principios generales y absolutos y no hay ni uno solo que no sea falso como máxima general; parecen las más de las veces contradictorios y antitéticos de modo que contra uno que afirma o asienta una regla, es siempre fácil hallar otro que contenga la opuesta», citado en Du Pasquier: ob. cit. (*Introducción a la teoría…*), p. 95.

[24] Sanojo, Luis: *Instituciones de Derecho Civil venezolano*. Tomo I. Imprenta Nacional. Caracas, 1873, p. 25.

merece un estudio libre de prejuicios (...) Se reconoce que hay brocardos que han perdido su vigencia, pero que otros actúan ciertamente como ideas directrices que el jurista no puede despreciar apriorísticamente[25].

En fin, como sostiene OLASO, es un error identificar a los aforismos como principios generales del Derecho «porque no pasan de ser (...) breves reglas o máximas estereotipadas que la tradición y la práctica vienen consagrado»[26]. Entonces, estas expresiones ostentan notas disimiles a los principios generales del Derecho, por cuanto ni regulan conductas y mucho menos poseen un soporte en valores superiores.

Por otro lado, hay que ser cuidadoso en diferenciar un principio general del Derecho de una «cualidad» o «condición» que componga una determinada institución jurídica. Así, por ejemplo, en el caso del «nombre civil» la doctrina ha sostenido como caracteres los de: general, obligatorio, estable y sintético. Los anteriores son útiles por cuanto permite perfilar su esencia y, en consecuencia, apartar dicha institución de otras similares como el seudónimo o el apodo[27], pero no llegan a representar principios jurídicos.

En efecto, es evidente que las cualidades no tienen un soporte en concepciones valorativas, ni informan todo el ordenamiento jurídico, sino únicamente destacan determinadas propiedades que permiten diferenciar la sustancia que detenta una concreta figura y así separarla de los institutos próximos, coadyuvando a la comprensión del fenómeno jurídico por los operadores jurídicos.

1.3. Origen

En apretada sinopsis, se puede señalar que ante la inquietud sobre de dónde brotan los principios generales del Derecho, la doctrina clásica ha destacado tres gérmenes: Derecho romano, Derecho positivo o Derecho natural.

---

[25] REALE: ob. cit. (*Introducción al Derecho*), p. 151.
[26] OLASO J., Luis María: *Curso de introducción al Derecho (introducción a la teoría general del Derecho)*. Tomo II. 2ª, UCAB. Caracas, 1994, p. 112.
[27] *Vid.* VARELA CÁCERES, Edison Lucio: «El nombre civil y la Ley Orgánica de Registro Civil». En: *Revista de Derecho*. N° 33. TSJ. Caracas, 2010, pp. 249-303.

Cuando se indica que el origen está en los principios del Derecho romano, se está afirmando que las fórmulas generales que inspiraron ese ordenamiento histórico y, que a su vez, sirvieron de influencia al Derecho de Occidente –en especial al Derecho continental o *Civil Law*–, son los principios que deben operar en el sistema actual. No obstante, son evidentes los obstáculos que se avizoran al emplear esta teoría, ya que muchos de los postulados del Derecho romano hoy en día han perdido vigor y, también, existen situaciones capitales que no fueron reguladas o pensadas por los romanos, como sería el caso de los derechos humanos o del Derecho Administrativo. Ciertamente, si bien la anterior tesis podría tener algún interés histórico y alguna aplicación práctica en casos puntuales, en la actualidad la doctrina ha abandonado la idea de identificar a los principios generales del Derecho con los que se formularon en el Derecho romano y, por tanto, esa posición se encuentra superada[28].

---

[28] EGAÑA: ob. cit. (*Notas de introducción...*), p. 169, afirma: «está fuera de toda lógica pensar que con esa referencia a los principios generales del Derecho, hecha, por ejemplo, por el Código Civil venezolano, el legislador se refiera al Derecho romano». En todo caso, lo expuesto no le resta valor al estudio del Derecho romano, pues es evidente que muchos de sus institutos todavía se mantienen, aunque con renovados objetivos, como es el caso del Derecho de Familia. Por su parte, en el Derecho de Obligaciones es donde más se visualizan las influencias del Derecho romano y donde mayores coincidencias de principios romanos y actuales se pueden notar. Convenga solo recordar la advertencia de BERNAD MAINAR, Rafael: «Una nueva visión del Derecho romano». En: *Estudios de Derecho Privado*. Tomo I. UCAB. Alberto BAUMEISTER TOLEDO y Carmen GUARDIA DE BRACHO, coords. Caracas, 2004, pp. 495 y 496, que por la íntima conexión entre el Derecho romano y el Derecho Civil del cual este último debe su «nacimiento», ocasiona que el romano sea «erigirlo en un monumento jurídico pleno de vida, y no reducirlo al ostracismo propio de las antiguallas jurídicas», pues los «principios jurídicos de un pueblo que, lejos temporalmente del nuestro, ha dejado una huella indeleble en el pensamiento jurídico de los sistemas de Derecho adscritos al círculo jurídico romanístico»; cfr. BERNAD MAINAR, Rafael: *La interpretación jurídica en el Derecho romano y en el Derecho actual*. Vadell Hermanos Editores. Caracas, 2004, p. 29, «Lo cierto es que el Derecho romano ha logrado sobrevivir hasta nuestros días al haber sido un referente inexcusable en la codificación moderna, ya en forma de preceptos y artículos de Derecho vigente, ya a través de la sistemática de sus principios e instituciones jurídicas imperecederas más importantes». En todo caso, lo que no puede sostenerse es que el concepto de principios generales del Derecho corresponda hoy exactamente con los principios del Derecho romano.

Otra posición señala que los principios generales del Derecho brotan del Derecho natural, ello en razón que son postulados inmanentes que surgen de la razón colectiva y que por tanto son comunes en todos los pueblos, y el intérprete solamente debe desentrañarlos de la razón natural[29]. Entonces, «los principios no son propiamente 'creados' por actos humanos, sino que el hombre simplemente los reconoce y los declara prudentemente»[30].

Cierra la trilogía, la explicación que ve el origen de los principios en el Derecho positivo, es decir, son aquellos que el propio ordenamiento jurídico se da a sí mismo y que reconoce expresamente a través de una autoridad habilitada para dictar normas jurídicas, atribuyéndole una función concreta dentro de la operatividad del sistema, como lo es el llenar las lagunas de la ley[31]. El problema de esta posición es que los principios no requieren estar preestablecidos por una autoridad, son proposiciones básicas que sirven de fundamentos de todo el ordenamiento jurídico y, si bien existen principios que se encuentran largamente normados a través de reglas jurídicas –principio de legalidad, artículo 137 de la Constitución–, otros son simplemente derivados de un atento análisis del

---

[29] Comenta CASSAGNE, Juan Carlos: «Los principios generales del Derecho en el Derecho Administrativo». En: *Estudios de Derecho público*. Depalma. Buenos Aires, 1995, p. 2, «es evidente que hay un fondo común conformado por el conjunto de los principios generales del ordenamiento, los cuales, al fundarse en el respeto de la persona humana o en la naturaleza de las cosas, encierran la concepción del Derecho natural»; añade: «En nuestro ordenamiento son numerosos los principios del Derecho natural que se han incorporado al Derecho positivo, ya sea aquellos de carácter fundamental y básico, que suelen encontrarse en la Constitución, como los de naturaleza estrictamente institucional que aparecen en otras ramas del Derecho» (p. 6).

[30] VIGO: art. cit. («Una teoría distintiva…»), p. 128.

[31] *Vid*. MOLES CAUBET, Antonio: «Estudio analítico de la sentencia de la Corte Primera de lo Contencioso-Administrativo de 1º de julio de 1981 sobre provisión de jefes de departamentos». En: *Revista de Derecho Público*. Nº 13. Editorial Jurídica Venezolana. Caracas, 1983, pp. 207 y 208, «los principios generales del Derecho se concibieron tradicionalmente como máximas de Derecho natural y, asimismo, como medios de integración en las lagunas del Derecho cuando no hubiera ley exactamente aplicable al caso. Empero, desde hace poco más de 40 años los tratadistas y asimismo algunos cuerpos normativos consideraron principios generales del Derecho las generalizaciones del ordenamiento jurídico, es decir el que resulta de reducir las normas concretas al principio por ellas expresado».

sistema. Igualmente, los principios generales del Derecho no se reducen a su función de integración, para colmar los vacíos, tiene otros fines[32] e incluso llegan a privar sobre el Derecho positivo.

En fin, pareciera más acertado visualizar que cada una de las anteriores fuentes aportan indicios sobre la génesis, pero dejan por fuera algunos postulados que hoy son considerados principios. Entonces, es más ajustado a la realidad reunir las diversas posiciones y sostener que el origen de los principios no se puede restringir a un solo modelo de creación[33]. Ciertamente, los principios generales del Derecho pueden estar positivizados, pero también ser un producto racional o natural, e incluso, remontarse al nacimiento de todo el Derecho y, en consecuencia, ser fruto de la obra normativa romana[34].

Recapitulando, lo esencial para considerar un postulado como principio general del Derecho, no es su origen, sino que posea un carácter amplio que recopile una forma de proceder universal y obligatoria, que exprese un determinado valor digno de tutela y que funja de inspiración a todo el sistema normativo.

---

[32] REALE: ob. cit. (*Introducción al Derecho*), p. 148, subraya: «la función de los principios generales del Derecho no se reduce al caso particular de las lagunas existentes en la legislación, como podría pretender una actitud apoyada en un anacrónico apego a una concepción 'legalista' del Derecho. En realidad, toda la experiencia jurídica y, por tanto, también la legislación que la integra, descansa sobre principios generales del Derecho que pueden ser considerados como pilares y paredes maestras del edificio jurídico».

[33] Como sostiene CASTÁN TOBEÑAS: ob. cit. (*Teoría de la aplicación...*), p. 336, «A nuestro juicio, no son incompatible las dos opuestas rutas que ha seguido la doctrina al tratar de fijar el concepto de los principios generales del Derecho, y cabe llegar, en este punto y en el de la crítica de esta fuente jurídica, a soluciones conciliables».

[34] COVIELLO comenta que los principios generales del Derecho son: «los fundamentales de la misma legislación positiva, que no se encuentran escritos en ninguna ley, pero que son los presupuestos lógicos necesarios de las distintas normas legislativas, de las cuales en fuerza de la abstracción deben exclusivamente deducirse. Pueden ser de hecho principios racionales superiores, de ética social y también principios de Derecho romano, y universalmente admitidos por la doctrina; pero tienen valor no porque son puramente racionales, éticos o de Derecho romano y científico, sino porque han informado efectivamente el sistema positivo de nuestro Derecho y llegado a ser de este modo principios de Derecho positivo y vigente», citado en GARCÍA MÁYNEZ, Eduardo: *Introducción al estudio del Derecho*. 31ª, Porrúa. México D. F., 1980, p. 370.

1.4. Funciones que despliegan los principios

Toda especulación alrededor de los principios generales del Derecho tiene indudablemente una finalidad práctica y ella se observa con nitidez al momento de precisar su función.

Las normas jurídicas poseen una razón que es regular las conductas[35], lo que implica que, siendo los principios generales del Derecho normas jurídicas, cumplen equivalente destino al género a que pertenece. Así pues, participan a través de una visión sistemática del Derecho en su interpretación, coadyuvando a reglamentar las situaciones concretas objeto de examen. Además, por ser fundamentos cardinales del sistema normativo, desempeñan funciones de integración y otros procesos operativos como son: unificación del sistema y oxigenación. VIGO, parafraseando a BOBBIO, destaca entre sus funciones las siguientes:

> a. Interpretativa: aportan al esclarecimiento del sentido de otras normas; b. directiva programática: orienta la actividad de los juristas al momento de crear una norma; c. integradora: proporciona criterios conforme a los cuales se puede resolver un problema jurídico que no tiene regulación normativa, es decir, en caso de laguna jurídica, y d. limitativa: pone los causes dentro de los cuales puede ejercerse una cierta competencia. También se admite como funciones propias de los principios la «fundamentación del ordenamiento», de modo que legitiman o reconocen la validez de las otras fuentes del Derecho, y además se menciona la «función sistematizadora» en tanto los principios posibilitan la estructuración u ordenamiento del material jurídico[36].

---

[35] LOIS ESTÉVEZ, José: *La eterna polémica sobre las fuentes del Derecho*. s/e. Santiago, 1993, p. 43, es más específico y señala: «El fin del Derecho –y, por tanto, la condición para la juridicidad de cualquier norma– consiste en la optimización de la paz lograda hasta ese instante (…) Toda norma jurídica, por el mero hecho de ser tal, exhibe como *ratio* un pronóstico implícito sobre cierto incremento verificable de la paz social reinante hasta el momento. Una norma solo se justifica y es válida en tanto pueda reputarse verdadera la optimización que predice de la paz o, lo que es lo mismo –pero con la ventaja de ser directamente mensurable–, de la entropía política o error jurídico».

[36] VIGO: art. cit. («Una teoría distintiva…»), p. 105. *Cfr.* RUÍZ MIGUEL: ob. cit. («Recensiones…»), p. 336, quien parafraseando a ARCE Y FLÓREZ-VALDÉS señala: «los principios

1.4.1. Interpretación

Partiendo de que las normas jurídicas son generales y abstractas[37] requieren para su aplicación a la realidad concreta de un procedimiento de interpretación que traduzca el sentido de las palabras a través de las cuales se expresa el dispositivo en relación con los hechos objeto de análisis[38]. Dicha actividad intelectual exige efectivamente echar mano de las diversas fuentes del Derecho, pero una vez ubicadas algunas normas jurídicas –reglas y principios–, que sean posiblemente aplicables en razón de la materia, hay que determinar el alcance y significado que debe dársele a cada una de ellas, partiendo del postulado que sostiene que los vocablos del lenguaje son por lo general equívocos, situación que ocasiona la necesidad de fijar el sentido correcto.

Al respecto, DOMÍNGUEZ GUILLÉN sostiene: «La interpretación es un proceso complejo en virtud del cual se trata de determinar el sentido y alcance del Derecho. Implica una actividad de valoración por parte del intérprete a fin de precisar las consecuencias y efectos derivados a un supuesto conflicto particular»[39].

---

generales del Derecho tienen una triple función», que se traducen en las funciones fundamentadora, interpretativa y supletoria del ordenamiento jurídico. En todo caso, la clasificación tripartita se puede observar en Federico DE CASTRO, quien habla de «fundamento del ordenamiento jurídico», «orientadores de la labor interpretativa» y «fuente en caso de insuficiencia de la ley y de la costumbre», citado en COCA PAYERAS, Miguel: *La doctrina legal*. Bosch. Barcelona, 1980, p. 199. *Cfr.* GONZÁLEZ PÉREZ: ob. cit. (*El principio general...*), p. 46, «Cumplirá una triple función de fundamento, interpretación e integración»; CASSAGNE: art. cit. («Los principios generales...»), pp. 7 y 8, «Los principios generales del Derecho cumplen varias funciones distintas, pero articuladas entre sí y relativas a su esencia ontológica, a su valor preceptivo o a su alcance cognoscitivo para dilucidar el sentido de una norma o dar la razón de ella y hasta para integrar nuevas formulaciones jurídicas (…) A su vez, funcionan como orientadores e informadores del ordenamiento permitiendo, mediante su interpretación, realizar una labor correctiva o extensiva de las normas».

[37] Recuerda PARRA ARANGUREN, Fernando: «Comentarios sobre el Proyecto de Ley Orgánica del Trabajo». En: *Revista de la Facultad de Ciencias Jurídicas y Políticas*. N° 76. UCV. Caracas, 1990, p. 185, que las características propias de la norma jurídica son: «ser legítima, imperativa, coercible, general y abstracta».

[38] Comenta BERNAD MAINAR: ob. cit. (*La interpretación jurídica...*), p. 32, «Entiéndase por interpretación la indagación y reconstrucción que ha de ser atribuida a una determinada declaración o actuación dentro del marco social en que han sido utilizadas».

[39] DOMÍNGUEZ GUILLÉN, María Candelaria: *Manual de Derecho Civil I (personas)*. Ediciones Paredes. Caracas, 2011, p. 33.

La condición singular de los principios generales del Derecho, al ser normas jurídicas básicas que sirven de andamiaje de todo el sistema, es un elemento de ineludible ponderación a la hora de precisar el sentido de las reglas jurídicas que integran el sistema[40]. En efecto, los principios participan dentro del proceso de interpretación de otras normas jurídicas[41], pero además al ser obligatoria su aplicación de forma compatible, exigen que la interpretación de las reglas, incluso constitucionales[42], se realicen: *secundum principium* –según el principio– o *praeter principium* –al margen del principio–, pero nunca *contra principium* –contraria al principio–.

En otras palabras, la interpretación que el operador desentrañe de todas las disposiciones objeto de análisis deberá coincidir con lo que postula, expresamente los principios de influencia, *exempli gratia*: el artículo 77 de la Constitución de la República Bolivariana de Venezuela establece la equiparación entre el matrimonio y la unión estable de hecho, dicho significado es conforme con

---

[40] Así lo destaca AGUILÓ REGLA: ob. cit. (*Teoría general...*), p. 138, «Para poder aplicar un principio se requiere siempre la formulación de una regla que correlacione un caso genérico con la solución normativa que establece el principio», lo anterior origina «una fuerza expansiva que no tienen las reglas, y ello hace que desempeñe un papel justificativo fundamental que se traduce en que entran en juego siempre que se trata de realizar operaciones aplicativas del Derecho».

[41] COCA PAYERAS: ob. cit. (*La doctrina legal*), p. 201, «Los principios generales del Derecho son, pues (...) un criterio de interpretación de las normas jurídicas especialmente cualificado».

[42] VIGO: art. cit. («Una teoría distintiva...»), p. 125, «Es cierto que los principios jurídicos propiamente dichos son el 'Derecho más alto', pero aún más alto que la Constitución, en tanto ellos están *proprio vigore* al principio de todo Derecho, incluso del constitucional». Es difícil que entre los principios generales del Derecho y la Carta Magna se observen choques, ya que como comenta BIDART CAMPOS: «la Constitución Nacional representa un deber ser axiológico que positiviza numerosos, y legítimos, principios generales del Derecho», de allí que SALVAT sostenga en términos llanos: «Entre nosotros, esos principios generales del Derecho debemos buscarlos principalmente en la Constitución Nacional», citados en PEYRANO, Jorge W. y CHIAPPINI, Julio O.: *Instituciones atípicas en el Derecho privado*. Rubinzal-Culzoni. Santa Fe, 1985, p. 46. Añade CASSAGNE: art. cit. («Los principios generales...»), p. 4, «gran parte de los principios generales del Derecho natural se incorporaron al Derecho positivo de las constituciones modernas».

el principio de igualdad. Como indica EGAÑA, los principios generales del Derecho «informan y orientan los ordenamientos jurídicos que van a regir», por tanto las «normas jurídicas que deciden los casos particulares son proyecciones de esos principios que constituyen la base de todas las legislaciones»[43]. Para VIGO, «Los principios, siendo el núcleo más radical y concentrado de Derecho, tienen una capacidad operativa que prácticamente no dejan sin respuesta a cualquier conflicto jurídico en donde se intente develar la conducta que jurídicamente cabe hacer o no hacer»[44].

Ciertamente, los principios, por su esencia, podrían fungir de fórmula que solucione cualquier incógnita jurídica; sin embargo, por su generalidad ínsita ello demandaría grandes capacidades cognitivas y por ello las reglas jurídicas simplifican la labor de aplicación del Derecho al aportar mayores datos para precisar el sentido correcto de determinada conducta regulada por el ordenamiento jurídico.

Sostiene GARCÍA DE ENTERRÍA que un principio de Derecho es introducido al concierto jurídico cuando: «explica una pluralidad de soluciones concretas hasta entonces más o menos casuística, las de sentido unitario y profundo, por su enraizamiento en el condensado ético que el propio principio encierra, y, finalmente, queda en disposición de manifestarse en otra serie indefinida de consecuencias preceptivas», y parafraseando a LATOURNERIE expresa: «el principio debe tener la mayor posibilidad 'de penetrar sin efracción y por una inserción pacífica en el recinto del Derecho ya construido, o, por lo menos, debe presentar el menor riesgo de comprometer el equilibrio de éste y de perturbar su economía. Y debe, además, tener el privilegio de abrir a las aspiraciones del Derecho latente el acceso más suave y más amplio hacia el Derecho sancionado'»[45].

Puede, en otros casos, ocurrir que al interpretar determinada regla se visualice que, para precisar su contenido, no se requiera aplicar directamente un principio

---

[43] EGAÑA: ob. cit. (*Notas de Introducción...*), p. 167.
[44] VIGO: art. cit. («Una teoría distintiva...»), p. 125.
[45] GARCÍA DE ENTERRÍA, Eduardo: «El principio de la interpretación más favorable al derecho del administrado al enjuiciamiento jurisdiccional de los actos administrativos». En: *Revista de Administración Pública*. N° 42. CEPC. Madrid, 1963, pp. 270 y ss.

y, por tal motivo, se observe que la interpretación propuesta esta simplemente al margen, por ejemplo: dispone el artículo 8 de la Constitución: «La bandera nacional con los colores amarillo, azul y rojo (...) son los símbolos de la patria», la interpretación que señale que dicha disposición se refiere al tricolor nacional con franjas uniformes y ocho estrellas no contradice ningún principio ni lo desarrolla directamente; por tanto, es perfectamente válida dicha posición.

Donde se observan mayores inconvenientes es en la posibilidad que se implante una interpretación *contra principium*. En este caso, el intérprete tiene varias opciones: i. Forzar la regla para adecuarla al principio que pudiera contradecir y así privilegiar la coherencia normativa; ii. concluir que el principio es inaplicable al supuesto examinado por ser un principio sectorial que opera sobre una materia distinta a la analizada; iii. determinar que el principio alegado no es tal, sino un aforismo que ha perdido aplicación en el sistema actual en razón del desarrollo de las instituciones normativas y la conciencia jurídica y iv. desaplicar la regla y emplear el principio por predominar este último en razón a su valor intrínseco.

La última alternativa es, claramente, la más radical y puede chocar con la seguridad jurídica[46]; sin embargo, en aquellas hipótesis en las cuales no se pueda solucionar el asunto a través de otro camino, deberá desaplicarse la norma contraria al principio y esto operaria en atención a que, como se ha sostenido, los principios generales del Derecho son normas jurídicas y por tanto de carácter obligatorios[47]. Además, se ha indicado reiteradamente que dichas normas principistas poseen un profundo contenido axiológico y sirven de fundamento al ordenamiento jurídico, siendo así no se puede concebir que el

---

[46] Cfr. ORTIZ-ORTIZ, Rafael: *Introducción a la teoría general de los valores y la axiología jurídica*. UCAB. Caracas, 1999, p. 243, que califica a la seguridad jurídica como un fin del Derecho, junto al bien común y la justicia.

[47] Cfr. GONZÁLEZ PÉREZ: ob. cit. (*El principio general...*), p. 46, los principios al «constituir la base misma del ordenamiento, no es concebible una norma legal que le contravenga»; también apunta, GONZÁLEZ PÉREZ, Jesús: «La dignidad de la persona en la jurisprudencia constitucional». En: *Anales de la Real Academia de Ciencias Morales y Políticas*. N° 62. Madrid, 1985, p. 136, al examinar el principio de dignidad, de rango constitucional, que «si dentro del ámbito de la interpretación, por mucho que se

sentido de una regla concreta pueda tener valor y, al mismo tiempo, contradecir el fundamento del sistema que la ha dotado de juridicidad[48].

En palabras de Vigo: «Si los principios cuentan con una intrínseca y necesaria juridicidad, parece evidente que las normas no pueden afectar ese contenido radicalmente jurídico, dado que, de hacerlo, quedarían afectadas en su validez, la validez de los principios es consecuencia necesaria de su contenido; por eso, en caso de contradicción con las normas, aquellos son los que prevalecen. La validez de las normas deriva de otras normas o de los principios»[49]. Por lo indicado, Arce y Flórez-Valdés destaca el carácter informador de los principios y cómo de ello se deduce «una doble eficacia jurídica: por una parte es directiva del ordenamiento, fomentando el desarrollo del ordenamiento en la consecución de unos principios, y por otra es derogatoria o invalidatoria, tanto en relación a la ley inspirada en principios opuestos como en los casos en que la aplicación de la ley resulte contraria a los principios»[50].

Lo descrito representa claramente una visión que supera la posición tradicional que postularon destacados autores, como del Vecchio, Legaz y Lacambra, Recasens Siches[51], entre otros, al considerar a los principios únicamente como herramientas de integración para rellenar los vacíos del legislador.

La doctrina actual ha posicionado a los principios generales del Derecho como «enjuiciadores del ordenamiento jurídico», Peyrano y Chiappini apuntan:

---

fuerce el sentido de la letra, no es posible llegar a un sentido acorde con la norma constitucional, hay que llegar a la solución de la derogación de la ley anterior».

[48] En palabras de Cassagne: art. cit. («Los principios generales…»), pp. 7 y 8, «Los principios generales del Derecho constituyen la causa y la base del ordenamiento porque son los soportes centrales de todo el sistema al cual prestan sentido. Por ese motivo, no se puede concebir que una norma legal los contravenga existiendo con independencia de su reconocimiento legal o jurisprudencial».

[49] Vigo: art. cit. («Una teoría distintiva…»), p. 97.

[50] Citado en Ruíz Miguel: ob. cit. («Recensiones…»), p. 336.

[51] Recasens Siches: ob. cit. (*Estudio de la Filosofía…*), p. 302, «Esos principios generales no pueden tener vigencia frente a una norma formulada de Derecho positivo, por la sencilla razón de que si se les otorgase tal vigencia saltaría hecho pedazos el sistema jurídico, pues quedaría destruida la certeza y seguridad, raíz esencial de todo el Derecho».

«sostenemos enérgicamente la posibilidad de que una o varias normas positivas de un sistema, o el sistema todo, pueda y deba, ser enjuiciado por su incongruencia con los principios generales del Derecho»; efectivamente, «se requiere una violación notoria de los principios generales del Derecho para que éstos puedan ser aplicados de manera de provocar la grave consecuencia de desechar una norma positiva, o de calificar como 'no-Derecho' a un ordenamiento normativo»[52], pero tal supuesto es perfectamente posible.

AGUILÓ REGLA pone énfasis en dos elementos: primero, que debe contextualizarse la jerarquía normativa, por ejemplo un principio constitucional siempre va a desplazar una regla legal y una regla constitucional desplaza a un principio legal[53], por tanto, «en estos casos el desplazamiento –que se traduce en nulidad de la disposición que contiene esa regla– es el resultado de la jerarquía normativa y no de la mayor importancia en el razonamiento justificativo de los principios frente a las reglas»; segundo, las reglas representan una ampliación más definida de los principios, «En efecto, para poder afirmar que los principios prevalecen siempre sobre las reglas hay que ver a estas últimas como el desarrollo, la concreción o la especificación de principios. De esta forma, cuando una regla exceptúa o desplaza a un principio, lo que ocurre en realidad no es que ella prevalezca sobre el principio desplazado, sino que el principio que la regla concreta o especifica prevalece sobre el principio que resulta

---

[52] Cfr. PEYRANO y CHIAPPINI: ob. cit. (*Instituciones atípicas...*), pp. 44 y 45.

[53] El Tribunal Constitucional español ha sostenido: «Los principios generales del Derecho incluidos en la Constitución tienen carácter informador de todo el ordenamiento jurídico –como afirma el artículo 1.4 del Título preliminar del Código Civil–, que debe ser interpretado de acuerdo con los mismos. Pero es también claro que allí donde la oposición entre las leyes anteriores y los principios generales plasmados en la Constitución sea irreductible, tales principios, en cuanto forman parte de la Constitución, participan de la fuerza derogatoria de la misma, como no puede ser de otro modo (...) carácter específico del valor aplicativo –y no meramente programático– de los principios generales plasmados en la Constitución», citado en GARCÍA DE ENTERRÍA, Eduardo: «Principio de legalidad, estado material de Derecho y facultades interpretativas y constructivas de la jurisprudencia en la Constitución». En: *Revista Española de Derecho Constitucional*. Nº 10. CEPC. Madrid, 1984, p. 15.

desplazado. Ello supone que el conflicto entre una regla y un principio es siempre aparente, se trata más bien de un conflicto entre principios»[54].

Entonces, si agotados los esfuerzos para conciliar las normas en examen –reglas y principios– y aun así se confirma la pugna entre ellas, es decir, una regla positiva contraviene diametralmente un principio general del Derecho, no queda otra opción –partiendo de que este último es presupuesto de validez del ordenamiento jurídico y se funda en una estimación axiológica–, que inclinarse por el principio, por ser una norma jurídica de mayor jerarquía y valor[55]. El tema discutido, ahora, sería a través de qué argumentos se justificaría dicho proceder; en otros términos, se afirmaría que la regla inaplicable tiene sustento en un principio sectorial y, con ello, inferior que el principio general aplicado, o que si bien, del método literal, se deduce determinado sentido el mismo contradice un principio y por ello debe aplicarse otros métodos como el histórico, sistemático o finalista que sean cónsonos con el principio y de allí la coherencia con la solución propuesta. En fin, el asunto no es fácil de pronosticar, lo que sí se puede advertir con nitidez es que necesariamente debe privilegiarse la interpretación conforme al principio general del Derecho, ya que ellos son el fundamento de todo el ordenamiento jurídico.

1.4.2. Integración

La doctrina siempre ha reconocido en los principios generales del Derecho su función integradora, es decir, como mecanismo para llenar las lagunas de la ley. Incluso, tal destino recibe una regulación expresa en el artículo 4 del Código Civil, cuando los reglamenta como mecanismos concretos para colmar los vacíos, es decir, «Cuando no hubiere disposición precisa en la ley...».

La actividad de integración es fundamental para el ordenamiento jurídico, y es lo que en definitiva permite sostener su carácter hermético, ya que, si bien

---

[54] AGUILÓ REGLA: ob. cit. (*Teoría general...*), pp. 139 y 140.
[55] *Vid.* DOMÍNGUEZ GUILLÉN: ob. cit. (*Manual de Derecho Civil I...*), p. 37, quien señala que no debe incurrirse en la equívoca creencia de que las normas están por encima de los principios generales del Derecho, siendo que estos, como su denominación lo indica, preceden al sistema y se sobreponen a éste.

es posible que existan lagunas en la ley, no se admite que subsistan en el Derecho. Justamente, cuando una determinada situación no se encuentra regulada a través de una regla jurídica expresa o análoga, los principios generales del Derecho permiten cubrir el hueco legislativo y normar la conducta de una manera conforme a sus postulados básicos y axiológicos, logrando con ello sostener que todas las conductas relevantes para el Derecho se encuentran regidas por medio de normas jurídicas, llámense estas reglas o principios.

Según PEREZNIETO CASTRO y LEDESMA MONDRAGÓN, «La labor de integración consiste, pues, en la complementación de la ley a través de las resoluciones de los tribunales (…) los principios generales del Derecho son principios ideales que el legislador debe tomar en cuenta al crear la ley, y constituyen para el juez un medio para integrar la ley en el caso de omisiones o lagunas de la misma»[56].

Entonces, los principios generales del Derecho cumplen una labor fundamental a la hora de la aplicación del Derecho al servir de mecanismo de integración, ya que por su carácter general y su soporte valorativo permiten arribar a soluciones sobre temas que, en un primer momento, no poseían una respuesta expresa, pero que, a través de los principios y de reglas conexas que se aplican analógicamente, se puede colmar el aparente vacío y, en consecuencia, regular la situación de manera conforme con el plexo normativo.

1.4.3. Unificación del sistema

Los principios generales del Derecho, por su esencia, cumplen una función cardinal como es la de fungir de criterio orientador[57]; ello permite que las diferentes reglas jurídicas que se dicten guarden coherencia y simetría, ya que, justamente, los principios les imprimen un soporte común, así como valores compartidos.

---

[56] PEREZNIETO CASTRO, Leonel y LEDESMA MONDRAGÓN, Abel: *Introducción al estudio del Derecho*. 2ª, HARLA. México D. F., 1992, p. 180.
[57] *Vid*. artículo 16 de la Ley Orgánica del Trabajo, los Trabajadores y las Trabajadoras: «Las fuentes del Derecho del trabajo son las siguientes: (…) c. Las leyes laborales y los principios que las inspiran…».

Comenta al respecto García de Enterría: «Son los principios institucionales los que organizan las distintas normas reguladoras disponibles para el régimen de la institución, los que dan a las mismas todo su sentido y alcance y, a su vez, los que precisan, según su lógica propia, la articulación de todas ellas, así como la solución procedente en caso de insuficiencia de una regulación legal o laguna»[58].

Por lo expuesto, los principios no son únicamente utilizados dentro de las actividades operativas del Derecho: interpretando su sentido o colmando los vacíos, sino que requieren que el ordenamiento creado guarde uniformidad y esto ocurre en razón que ellos son verdaderas guías para la producción del Derecho[59].

1.4.4. Oxigenación

Cuando se hace referencia a la oxigenación se está queriendo destacar que los principios generales del Derecho cumplen un rol de actualización. Así, aquellas normas que lucen por el transcurso del tiempo vetustas se ven refrescadas en su interpretación a las situaciones actuales gracias a los principios que renuevan su sentido para adecuarlos a los valores imperantes en la sociedad contemporánea a la cual están destinados a regir.

En palabras de Rodríguez-Arias Bustamante, los principios generales del Derecho son: «válvulas», es decir, «órganos respiratorios del sistema positivo a través de los cuales penetra en el Derecho el aire oxigenado de la vida, penetrando los elementos que lo nutren y le hacen vivir transformándolos»[60].

---

[58] García de Enterría: ob. cit. (*Justicia y seguridad...*), p. 105.
[59] Hočevar González y Ramos Pascua: ob. cit. (*Teoría del Derecho...*), p. 155, hablan de una función programática, la cual permite «fijar el rumbo que habrá de seguir el orden jurídico en su desarrollo».
[60] Rodríguez-Arias Bustamante, Lino: *Ciencia y Filosofía del Derecho (Filosofía, Derecho y Revolución)*. EJEA. Buenos Aires, 1961, p. 597. Según deduce García de Enterría, Eduardo: «La interdicción de la arbitrariedad en la potestad reglamentaria». En: *Revista de Administración Pública*. N° 30. CEPC. Madrid, 1959, p. 163, la fecundidad «es uno de los rasgos fundamentales de todo auténtico principio general»,

Ciertamente, los operadores jurídicos ven en los principios un mecanismo o instrumento para plantear nuevas teorías que no se encontraban desarrolladas para el momento de la creación de las reglas examinadas, pero donde por su carácter de postulado básico aportan los insumos para un reajuste del Derecho a los tiempos modernos. Un caso paradigmático se observa en el Derecho de Familia, el cual, por ser altamente dinámico, constantemente se está reformulando según las exigencias sociales[61]; así, el principio de igualdad influyó decisivamente en la regulación constitucional de la unión estable de hecho y su equiparación con el matrimonio (artículo 77); también son los principios los que han fungido de recurso para garantizar de eficacia plena de sus efectos en ausencia de ley[62].

1.5. Clasificación

Con una finalidad marcadamente didáctica y práctica[63], los autores han efectuado esfuerzos por organizar estos cimientos capitales y por ello han propuesto categorizaciones o divisiones internas.

Efectivamente, algunos doctrinarios prefieren la expresión «principios del Derecho», ponderando que existen principios que no se aplican a todos los

---

ello es el encerrar «virtualidades y potencialidades» de aplicación a otras situaciones tópicas que la realidad ofrece y que el jurista debe desentrañar con carácter objetivo.

[61] *Cfr.*, TORRES-RIVERO, Arturo Luis: *Derecho de Familia –parte general–.* Vol. I. UCV. Caracas, 1964, p. 43, «pues la familia no es estática, inmutable; su concepto es una secuela de las manifestaciones de la vida humana; su constitución y su organización están en relación a los principios imperantes en el tiempo y en el espacio».

[62] *Vid.* VARELA CÁCERES, Edison Lucio: «Una lección. La unión estable de hecho (comentario a la sentencia Nº RC.000326, de la Sala de Casación Civil del Tribunal Supremo de Justicia)». En: *Revista Venezolana de Legislación y Jurisprudencia.* Nº 1. Caracas, 2013, pp. 337 y ss.

[63] VON IHERING, Rodolf: «Teoría de la técnica jurídica». En: *El ámbito de lo jurídico. Lecturas de pensamiento jurídico contemporáneo.* Editorial Crítica. P. CASANOVAS y J. J. MORESO, editores. Barcelona, 1994, pp. 66 y 67, recuerda: «La clasificación sistemática de una ciencia es algo más que la simple distribución local de la materia (…) La clasificación sistemática contiene, además, información acerca de lo que es cada objeto o concepto, y de su relación con el conjunto de la ciencia, esto es, el árbol genealógico de los conceptos (…) La importancia de la correcta clasificación de una institución equivale a su auténtico conocimiento material y explicación».

segmentos que componen lo jurídico, distinguiendo entre los principios «generales» y los principios que operan en determinada rama o institución[64].

En realidad, existe una relación directa entre principios generales del Derecho y principios de una determinada área, institución o figura. Dicha vinculación es de género a especie, estableciéndose una jerárquica, en el sentido que los principios específicos poseen soporte en principios más generales[65]. Este fenómeno lo explica de pasada IHERING:

> En cualquier campo del conocimiento, el intelecto humano aprende antes las manifestaciones concretas que las abstractas. Es por ello que en Derecho se desarrollaron muchos más rápido los principios concretos, es decir, las disposiciones que rigen casos individuales, que los abstractos. Antes de ser reconocidas y formuladas por la legislación o la ciencia en su forma verdadera, las nociones abstractas han tenido que atravesar en muchos casos diversos estadios previos[66].

Es el caso, por ejemplo, de las instituciones familiares, donde para llegar al principio de unidad en la filiación –que es derivación de un principio más general de la igualdad– se comenzó con reconocer equiparaciones parciales de algunos efectos de la filiación o formas de determinarla, hasta la concreción hoy de la equiparación ampliamente difundida y reconocida incluso a nivel constitucional[67].

---

[64] En palabras de REALE: ob. cit. (*Introducción al Derecho*), p. 140, «No todos los principios generales tienen la misma amplitud».

[65] REALE: ob. cit. (*Introducción al Derecho*), p. 147, explica esta graduación con los siguientes términos: «los principios generales del Derecho comunes a todos los ordenamientos jurídicos se originan de las constantes axiológicas (…) de estos principios se derivan otros, no por mera inferencia, sino en virtud de exigencias de orden práctico a medida que la ciencia jurídica va recortando de la realidad social e histórica distintas esferas de comportamiento y a las que les corresponde distintos sistemas de normas». UZCÁTEGUI URDANETA, Mariano: *Principios generales del Derecho*. ULA. Mérida, 2003, p. 561, comenta: «Dentro de los principios generales del Derecho hay cierta graduación o jerarquía; hay unos principios más generales que otros».

[66] VON IHERING: art. cit. («Teoría de la técnica…»), p. 71.

[67] *Vid.* VARELA CÁCERES, Edison Lucio: «El principio de unidad de filiación». En: *Revista Venezolana de Legislación y Jurisprudencia*. N° 2. Caracas, 2013, pp. 178 y ss.

1.5.1. Principios generales

Afirma REALE: «Los principios generales del Derecho son conceptos básicos que presentan diversas gradaciones y diversas extensión, pues los hay que cubren todo el campo de la experiencia jurídica universal, mientras que otros se refieren a los ordenamientos jurídicos pertenecientes a una misma 'familia cultural', y otros son propios y específicos del Derecho patrio»[68].

Aclarado lo anterior, LÓPEZ DE LA VIEJA señala como algunos de los principios generales del Derecho a la «autonomía, justicia y tolerancia»[69]; ALEXY, «dignidad humana, libertad, igualdad, democracia, Estado de Derecho y Estado Social»[70]. VIGO, bajo la influencia de DWORKIN, expresa: «Hemos sostenido que esos derechos humanos son 'principios jurídicos en sentido estricto' o 'principios generales del Derecho'»[71]. Por su parte, REALE menciona los siguientes: intangibilidad de los valores de la persona humana, autonomía de la voluntad, buena fe, prohibición de enriquecimiento ilícito, equilibrio de los contratos, función social de la propiedad, económica de las formas y de los actos en el proceso[72].

Obviamente, existe siempre el riesgo de toda enumeración, es decir, que se omitan o se señalen postulados que no debieran incluirse, así podrían añadirse a las anteriores la seguridad jurídica, progresividad e irretroactividad. Se considera, en todo caso, que se debe diferenciar entre principios generales del Derecho y los derechos humanos, entre tanto que «equilibrio de los contratos, función social de la propiedad» representan claramente principios sectoriales del Derecho Civil patrimonial.

---

[68] REALE: ob. cit. (*Introducción al Derecho*), p. 149.
[69] LÓPEZ DE LA VIEJA: ob. cit. (*Principios morales…*), p. 19.
[70] Citado en VIGO: art. cit. («Una teoría distintiva…»), p. 103.
[71] Ibíd., p. 152.
[72] REALE: ob. cit. (*Introducción al Derecho*), p. 140. En Venezuela, la prohibición de enriquecimiento sin causa cuenta con regulación expresa en el artículo 1184 del Código Civil. Lo mismo vale decir del principio relativo a la reparación del daño causado (artículo 1185 *eiusdem*).

Para simplificar el asunto, se considera prudente seguir la ordenación que confecciona Arce y Flórez-Valdés, siendo entones los principios capitales: la dignidad de la persona, libertad e igualdad[73], añadiendo la buena fe[74]. La anterior enumeración, al margen que a su vez configuren reglas jurídicas concretas, ofrece una recopilación de los principios universales y, a su vez, revela una jerarquía interna, siendo el principio más superior, en la cultura jurídica actualmente imperante, el de la dignidad humana.

1.5.1.1. Principio general de la dignidad humana

Un primer obstáculo que poseen en común los diversos principios generales del Derecho es su delimitación conceptual[75], ello en razón que, por su naturaleza, son postulados abstractos que hacen referencia a todo el ordenamiento jurídico, estableciendo normas de conductas obligatorias, los cuales, al estar influenciados por elementos axiológicos, originan que a veces se visualicen de forma amalgamada con los valores jurídicos, aunque sean figuras delimitables.

---

[73] Citado en Ruíz Miguel: ob. cit. («Recensiones...»), p. 339.

[74] *Cfr.*, González Pérez: ob. cit. (El principio general...), p. 43, «El de buena fe constituye uno de los principios generales del Derecho»; Lasarte Álvarez, Carlos: «La protección del consumidor como principio general del Derecho». En: *Nuevos derechos fundamentales en el ámbito del Derecho privado*. Consejo General del Poder Judicial. Antonio Monserrat Quintana, director. Madrid, 2007, pp. 91 y 92, «la buena fe, es simultáneamente un principio general del Derecho, hoy legalmente formulado. Por consiguiente, la buena fe no puede ser extraña a la propia conformación de los usos normativos y de los mandatos legales». Comenta Domínguez Guillén, María Candelaria: *Curso de Derecho Civil III Obligaciones*. Editorial RVLJ. Caracas, 2017, pp. 44 y ss. que entre los deberes del acreedor derivados del plan obligacional se ubican los originados de las exigencias de la buena fe; lo cual se observa en materia de indexación, intereses, teoría de la imprevisión, responsabilidad, entre otros (ibíd., pp. 135, 138, 147, 187, 231 y 279). Véase Lupini Bianchi, Luciano: *Estudios de Derecho Privado*. Academia de Ciencias Políticas y Sociales. Caracas, 2010, pp. 332 y ss. quien al referirse a la teoría de la imprevisión señala al principio de la buena fe como el argumento más contundente para su justificación.

[75] De Miguel Beriain, Iñigo: «Consideraciones sobre el concepto de dignidad humana». En: *Anuario de Filosofía de Derecho*. Madrid, 2004, p. 188, recuerda «el concepto de dignidad es, en sí mismo, muy difícil de concretar».

Justamente, la dignidad es simultáneamente descrita como un valor esencial del ordenamiento jurídico[76] y también como un principio general del Derecho. Para ORTIZ-ORTIZ, la dignidad humana es un «principio ético supremo del ordenamiento jurídico», es «un hilo conductor hacia el cual tiendan los valores, los fines y los entes sobre los cuales reposan»[77]. Por su parte, GONZÁLEZ PÉREZ señala: «la dignidad de la persona en la jurisprudencia no parece ofrecer duda que constituye uno de los principios generales del ordenamiento jurídico»[78].

Es menester fijar como primer aserto que la dignidad humana representa un principio general del Derecho y con ello su carácter normativo. Ahora bien, corresponde abonar en su precisión como concepto, comenzando como es obvio, por puntualizar que es la dignidad:

La dignidad humana es lo que el hombre «es». En otros términos, lo que el individuo vale como ser humano y lo que posee intrínsecamente, que no puede desconocerse sin negar su naturaleza. DE MIGUEL BERIAIN explica esta percepción con nitidez, así después de aclarar que el hombre puede valer por lo que él piensa sobre sí mismo, o por lo que él hace, dice o le sucede, también vale por lo que «es» ontológicamente y ellos es fundamental, por cuanto los dos primeros enfoques son contingentes, en otras palabras: variable; pero el último sentido es inmutable, originando que «Nadie puede ser más valioso esencialmente que otro hombre por la sencilla razón de que su valor como ser se basa, precisamente, en el hecho de ser persona, y nadie puede ser más o menos persona que otros»[79].

---

[76] FERNÁNDEZ SEGADO, Francisco: «La dignidad de la persona como valor supremo del ordenamiento jurídico». En: *Revista Tachirense de Derecho*. N° 7. Universidad Católica del Táchira. San Cristóbal, 1995, p. 5, «La dignidad de la persona humana es considerada como un núcleo axiológico constitucional y por lo tanto un valor jurídico supremo».
[77] ORTIZ-ORTIZ: ob. cit. (*Introducción a la teoría…*), p. 242.
[78] GONZÁLEZ PÉREZ: art. cit. («La dignidad de la persona…»), p. 136.
[79] DE MIGUEL BERIAIN: art. cit. («Consideraciones sobre el concepto…»), p. 196. *Vid.* DOMÍNGUEZ GUILLÉN, María Candelaria: «Aproximación al estudio de los derechos de la personalidad». En: *Revista de Derecho*. N° 7. TSJ. Caracas, 2002, p. 56, donde cita a ANDORNO, quien refiere sobre la noción «ontológica» y «ética» de dignidad; así, en el primer sentido –ontológico– todo hombre, es un ser digno; en su sentido ético la

En tal sentido, la idea de la dignidad humana como principio general del Derecho se relaciona con el sentido ontológico descrito, y lo que se tutela a través del principio en comentario es el valor de la persona por el simple hecho de ser persona, lo cual es común a todo individuo y debe ponderarse en todas las conductas reguladas a través del ordenamiento jurídico, sin que se permitan distinciones en el alcance ontológico de la dignidad.

Por lo dicho, la dignidad humana se ha consolidado como el fundamento básico del ordenamiento jurídico, cualquier conducta que se regule debe ser cónsona con la dignidad, ya que el Derecho tiene como razón de ser el respeto del individuo como categoría y también de su expresión colectiva –lo que ha sido denominado por algún sector como «comunitarismo»[80]–.

Así pues, la dignidad es el crisol por el cual se deben filtrar todas las relaciones jurídicas y persigue que las conductas se adecuen al respecto irrestricto del hombre como fin en sí mismo del ordenamiento jurídico[81], siendo el

---

dignidad, contrariamente, supone el fruto de una vida conforme al bien y entonces no será poseída por todos de la misma manera.

[80] BELTRÁN HEREDIA en «Prólogo» al libro de RODRÍGUEZ-ARIAS BUSTAMANTE, Lino: *La tutela*. Bosch. Barcelona, 1954, p. 11, «Dicha concepción comunitaria, se basa en los dos grandes principios constructivos que se reflejan en toda clase de normas jurídicas, como son la comunidad y la personalidad, que no se contraponen, ni se eliden recíprocamente, sino que se armonizan de un modo perfecto. Ambos, son completamente necesarios si se quiere huir de una concepción individualista basada en el absolutismo de la personalidad, al modo como hizo la doctrina del liberalismo; y de una valoración estrictamente comunitaria, fundamentada en la omnipotencia de lo social, que evidentemente conduciría a una concepción socialista o incluso comunista, del Derecho. El individuo, según ello, no actúa, sino en cuanto miembro de la comunidad, y ésta no puede nunca olvidar que está compuesta de individuos», entonces, según RODRÍGUEZ-ARIAS BUSTAMANTE, Lino *et alter*: «Comunitarismo: alternativa ideológica para América Latina». En: *Anuario de la Facultad de Derecho*. N° 11. ULA. Mérida, 1980, p. 76, «Esta concepción ideológica reacciona por igual contra el individualismo y el colectivismo. Porque el hombre nace en sociedad y vive dentro las comunidades sociales; pero no deja de ser por ello hombre».

[81] ORTIZ-ORTIZ: ob. cit. (*Introducción a la teoría...*), p. 238, parafraseando a KANT, señala: «el hombre, en cuanto sujeto de la moralidad, es un bien absoluto, un fin en sí mismo, que, por tanto, no puede ser tratado solo como medio, sino siempre al mismo

Derecho un medio para alcanzar dicho objetivo. Entonces, como indica DE MIGUEL BERIAIN, «el hombre es digno por su propia naturaleza, lo cual implica la unión indisoluble entre dos conceptos, persona y dignidad»[82].

Por otra parte, unas de las particularidades de la dignidad es que no tiene sentido su exigibilidad aislada, es decir, de manera autónoma. En otras palabras, cada vez que se observe que una conducta lesiona o pone en peligro un derecho fundamental se estará también al frente de un menoscabo de la dignidad, ya que tales facultades esenciales tienen evidentemente un soporte en la dignidad humana.

Así, por ejemplo, cuando se atenta contra el derecho a vivir no solo se restringe la posibilidad de continuar con la existencia terrenal que posee el individuo en cuestión, sino que, además, se relaja al grado mínimo la expresión del ser humano al considerarlo un objeto del cual se puede disponer o destruir y ello claramente se relaciona con la dignidad humana, porque justamente niega la misma.

En palabras ilustrativas, «cuando miramos hacia un objeto colocado delante de una fuente luminosa lo que vemos es solo la forma, los detalles de su contenido desaparecen para mostrarnos sin fractura alguna su contorno: su figura»[83]. Entonces, la dignidad humana es esa fuente de luz que nos permite visualizar la «silueta», pero que no se puede precisar en todo su esplendor sino únicamente en el perímetro, ya que para adentrarnos a sus contornos concretos debemos examinar el derecho fundamental en peligro o lesionado. Por lo dicho, LUTHER ha indicado: «no puede tratarse de un derecho subjetivo accionable, sino (…) de un criterio interpretativo que dirige la interpretación de los derechos fundamentales que se derivan del mismo»[84].

---

tiempo como fin en sí mismo, y esto constituye un límite, una limitación o determinación de lo que puede ser el Derecho».
[82] DE MIGUEL BERIAIN: art. cit. («Consideraciones sobre el concepto…»), p. 191.
[83] GARCÍA GARRIDO, Juan Carlos: *El irrenunciable valor de la dignidad humana*. Universidad Carlos III de Madrid. Madrid, 2013, p. 8.
[84] LUTHER, Jörg: «Razonabilidad y dignidad humana». En: *Revista de Derecho Constitucional Europeo*. N° 7. Granada, 2007, p. 307.

Pues bien, con esta posición se gana al resaltar que, si bien no existen derechos fundamentales absolutos y por ello todos están sometidos en alguna medida a restricciones razonables y equilibradas, el principio del respeto a la dignidad humana que acompaña a todos los derechos sirve para ponderar esos límites y precisar así sus confines.

Ciertamente, uno de los aspectos donde este principio ha obtenido mayor relieve es en el tema de los derechos humanos; por ello, se ha sostenido que en «todos y cada uno de los derechos fundamentales se proyecta la dignidad»[85]. Por tanto, si los derechos fundamentales son una categoría representada por las facultades inherentes al ser humano que simboliza un mínimo de garantías que el Estado debe tutelar para ser un verdadero Estado de Derecho, es claro que la dignidad se vincula a tal concepción, por ser igualmente una noción ontológica que corresponde al hombre, lo cual reclama ponderación al momento de analizar los referidos derechos. Por ello, el «reconocimiento y una eficaz tutela de estos derechos fundamentales constituye elemental garantía de la dignidad de la persona»[86].

Igualmente, la dignidad permite precisar líneas interpretativas sobre los límites de dichos derechos, restricciones que en ningún supuesto puede mancillar la dignidad humana. Entonces, si bien es cierto que los derechos fundamentales no son absolutos, también se debe estar consciente de que las restricciones objetivas y racionales que se fijen no pueden implicar una vulneración del principio de la dignidad humana, ya que en dicho supuesto se estaría dando al traste con el fin del ordenamiento jurídico que es el ser humano, en los términos antes expuestos. En síntesis, las limitaciones que excepcionalmente se pudieran establecer deberán ser objetivas, razonables y además coherentes con la dignidad humana y los restantes principios generales del Derecho.

Concretamente, la doctrina ha destacado que la dignidad tiene una particular proyección en derechos a la integridad personal, libertad, igualdad, honor, intimidad, expresión, entre otros, así la propia Constitución de la República

---

[85] GONZÁLEZ PÉREZ: art. cit. («La dignidad de la persona...»), p. 142.
[86] Ibíd., p. 143.

Bolivariana de Venezuela la dignidad menciona expresamente, cuando regula alguna de las anteriores facultades, ello, claro está, con la intención de poner énfasis en que, justamente en los referidos derechos, es donde se observan mayores amenazas o vulneraciones.

En este contexto, en materia de libertad personal debe garantizarse que el individuo privado de su libertad no vea restringidos otros derechos como el de la integridad, ya que esto lesionaría su dignidad (artículo 46 N° 2 de la Constitución). También, establece la Constitución que en materia de allanamiento, el mismo se ejecute siempre bajo el estricto respeto de la dignidad humana (artículo 47). En el caso de los cuerpos de seguridad ciudadana, ellos deberán tener en su actividad especial respeto por la dignidad humana (artículos 55 y 332). La dignidad humana también debe ser ponderada concretamente en materia de políticas públicas dirigidas a la atención integral de los ancianos, personas con discapacidades o en la fijación del salario de los trabajadores (artículos 80, 81 y 91).

Como se observa, aquí el constituyente lo que hizo al momento de redactar el texto supremo fue tomar en cuenta aquellas situaciones en que en el pasado se observaron violaciones a los derechos humanos, con claro irrespeto a la dignidad humana, e incorporar este último elemento de forma expresa para recordar que todas esas conductas deben desplegarse de acuerdo con el referido principio general del Derecho.

Queda claro que este principio general del Derecho cumple un papel cardinal en el ordenamiento al ser un elemento de ponderación de los derechos fundamentales, o, como señala GONZÁLEZ PÉREZ, la dignidad de la persona representa un límite a los derechos fundamentales, tal y como se observa con la libertad de expresión y los derechos a reunión y manifestación[87]. Pero, además, influye en todo el ordenamiento jurídico al demandar que cualquier conducta que se ejecute se haga siempre conforme a la dignidad, ello implica que afecta la interpretación de los demás principios y las reglas jurídicas, así como el ejercicio de los

---

[87] GONZÁLEZ PÉREZ: art. cit. («La dignidad de la persona...»), p. 137.

derechos y el cumplimiento de los deberes. Lo expuesto no hace otra cosa que reiterar el carácter superior de este postulado. En todo caso, se recuerda que, como todo principio general del Derecho, la dignidad humana tiene como función facilitar la interpretación, integración y, además, ser elemento de unificación y oxigenación del ordenamiento jurídico.

1.5.1.2. Principio general de la libertad

El ser humano, por naturaleza, está dotado de libre albedrío, pero su carácter social exige normar su conducta para establecer límites racionales que le permitan la convivencia armónica con los restantes integrantes de la sociedad. De allí que uno de los principios más consustanciales al individuo sea el de la libertad, en otras palabras, la facultad de expresarse en el conglomerado, bajo la mirilla del ordenamiento jurídico, según las propias apetencias, deseos o convicciones.

Este principio que además representa un derecho fundamental, se ejerce según la dignidad del ser humano y siempre limitado por el orden público, las buenas costumbres y la ley. Pues bien, según el principio general a la libertad, se disfruta de la posibilidad de ejecutar lícitamente diversas conductas que son autodeterminadas, sin más restricciones que no originar a través de las mismas un daño ilegitimo a terceros.

Domínguez Guillén apunta: «Este derecho es una consecuencia de la propia condición de persona que todo hombre tiene, y debe entenderse como el derecho a actuar libre y responsablemente, sin otros límites que los impuestos por la moral y el orden público. La libertad consiste en el poder que se reconoce a la persona de hacer lo que le plazca y viene a reducirse a la facultad de conducirse con arreglo a su propia determinación»[88].

La Constitución de la República Bolivariana de Venezuela es clara al acentuar en su articulado el deseo de tutelar el derecho a la libertad del ser humano en su máxima expresión:

---

[88] Domínguez Guillén: art. cit. («Aproximación al estudio...»), p. 188.

Artículo 20.- Toda persona tiene derecho al libre desenvolvimiento de su personalidad, sin más limitaciones que las que derivan del derecho de las demás y del orden público y social[89].

Este principio posee diversos desahogos que la Carta Magna ha sistematizado en varios contenidos; así, se habla de libertad personal (artículo 44), de tránsito (artículo 50), de expresión (artículo 57), religiosa (artículo 59) y de conciencia (artículo 61)[90]. Pudiéndose añadir otras especificaciones según las necesidades sociales, por cuanto la indicación es meramente enunciativa (artículo 22 de la Constitución); *verbi gratia*: hoy en día se habla del respeto a la libertad de preferencia sexual u orientación sexual.

Por otra parte, del principio general de la libertad se deducen unos principios sectoriales, como, por ejemplo, el principio de legalidad y el principio de autonomía de la voluntad. La existencia de los anteriores postulados es indiscutible, y su aplicación es necesaria y claramente justificada si se parte que el primero –legalidad– opera fundamentalmente en el área del Derecho público; por su parte, el de la autonomía de la voluntad rige primordialmente en materias de Derecho privado. Pero, como se apuntó, ambos principios sectoriales tiene su génesis en la libertad como principio general.

1.5.1.3. Principio general de la buena fe

Para precisar que se entiende por el principio de *bona fides*, se requiere reflexionar sobre la «buena fe», para así caer en cuenta sobre los límites conceptuales que impone la frase a definir.

La «buena fe» se compone de lo que es rectitud y honradez, por una parte y, por otra, la fidelidad, confianza o lealtad, implicando un comportamiento leal

---

[89] *Vid*. DOMÍNGUEZ GUILLÉN, María Candelaria: «Alcance del artículo 20 de la Constitución de la República Bolivariana de Venezuela (libre desenvolvimiento de la personalidad)». En: *Revista de Derecho*. N° 13. TSJ. Caracas, 2004, pp. 13-40.

[90] *Vid*. Ley Orgánica para la Protección de Niños, Niñas y Adolescentes, artículos 28, 35, 37, 39, 67 y en especial el 63 referente al derecho al descanso, recreación esparcimiento, deporte y juego.

y por ello benigno[91]. Entonces, «La buena fe incorpora el valor ético de la confianza», «una conducta normal, recta y honesta, la conducta de un hombre corriente, de un hombre medio. Se mide en la relación concreta en la que opera»[92].

Como indica RONDÓN DE SANSÓ, «La buena fe es un concepto jurídico indeterminado que, en su sentido semántico, alude a la conciencia, convicción o intención de no perjudicar a otro o de no violar la ley (…) pero subjetivizado, alude a la correcta actuación del hombre medio y común de una sociedad, esto es, a la conducta del 'buen padre de familia' (…) La buena fe como principio jurídico, configura una exigencia de lealtad…»[93].

Con base en lo dicho, se puede sostener que el principio general de la buena fe implica restringir la conducta para que el sujeto se comporte, en toda relación

---

[91] *Vid.* DELGADO GIMÉNEZ, María Auxiliadora: *Los vicios ocultos en la compraventa. Tradición jurídica romana y Derecho actual*. UCV. Tesis doctoral. Tutor Enrique LAGRANGE. Caracas, 2011, pp. 43 y ss., monografía en el cual la autora desarrolla las fuentes de la buena fe en el Derecho romano.

[92] GONZÁLEZ PÉREZ: ob. cit. (El principio general…), p. 41. *Vid.* TSJ/SPA, sent. N° 0087, del 11-02-04, que siguiendo a GONZÁLEZ PÉREZ, señala: «La buena fe, significa confianza, seguridad y honorabilidad, se refiere a que una de las partes se entrega confiadamente a la conducta leal de otra en el comportamiento de sus obligaciones, fiado en que ésta no lo engañará. La buena fe significa que el hombre cree y confía que una declaración de voluntad surtirá en un caso concreto sus efectos usuales, los mismos efectos que ordinaria y normalmente ha producido en casos análogos». JARAMILLO E., Lina: «Reseña: ¿Acerca de la buena fe? El cumplimiento del deber de buena fe en los préstamos comerciales. Mark Snyderman». En: *Revista de Derecho Privado*. N° 7. Temis-Universidad de los Andes. Bogotá, 1990, p. 122, señala en su recensión que la buena fe «se relaciona con un comportamiento que sea honesto, equitativo y razonable», es decir, con «ausencia de deshonestidad, trampas, fraudes, o propósitos indebidos».

[93] RONDÓN DE SANSÓ, Hildegard: «El principio de confianza legítima en el Derecho venezolano». En: *El Derecho venezolano a finales del siglo XX (XV Congreso Internacional de Derecho Comparado)*. Academia de Ciencias Políticas y Sociales. Caracas, 1998, p. 315. Comenta BETTI, Emilio: *Teoría general de las obligaciones*. Tomo I. Editorial Revista de Derecho Privado. Madrid, 1969, p. 70, «Cuando la ley, en todas estas situaciones, habla de buena fe, se refiere a un concepto y a un criterio valorativo que no está forjado por el Derecho, sino que el Derecho lo asume y recibe de la conciencia social, de la conciencia ética de la sociedad, para la que está llamado a valer».

jurídica, bajo un proceder leal según lo que se espera de cualquier individuo que se encuentre en similar posición. Lo expuesto envuelve que se lacera este principio cuando la persona no actúa según lo que se aguardaría del hombre normal, causando con su acción u omisión una ilegalidad al quedar defraudada la lealtad que los demás han depositado o esperado de él.

Como principio general nutre todo el ordenamiento jurídico, de allí que todo individuo, independiente de la posición que ocupe dentro de la relación jurídica, debe desplegar una conducta apegada a la *bona fides*, y cuando se aleja de la misma sencillamente está violando la norma jurídica que se expresa a través del referido principio, originando que el perjudicado pueda intentar una pretensión en su contra apoyada en el deber de buena fe.

En síntesis, el principio general de la buena fe es un postulado abstracto que ordena que todas las conductas se adecuen al comportamiento leal que se espera del hombre medio, y el sujeto concreto lo vulnera cuando su accionar no se ajusta a dicha expectativa.

El principio general de la buena fe no se restringe al Derecho Civil, Administrativo o Procesal como pudiera pensarse en atención a su mención reiterada en dichas disciplinas jurídicas. La verdad del asunto es que, al ser un principio «general», su área de influencia es todo el Derecho o, en otros términos, todas las relaciones jurídicas caen dentro del perímetro de aplicación del principio de la buena fe, indiferentemente sí se posee una posición activa o pasiva[94].

---

[94] Comenta de pasada RAVETLLAT BALLESTÉ, Isaac: «Responsabilidad negocial de los actos realizados por menores de edad no emancipados. Análisis doctrinal y jurisprudencial». En: *Revista Crítica de Derecho Inmobiliario*. N° 737. Madrid, 2013, p. 1993, «La *bona fides*, como principio general del Derecho, informa e integra todo el ordenamiento jurídico y simultáneamente se manifiesta como norma de conducta general que tiene un ámbito de aplicación sumamente amplio. En el Derecho de Obligaciones la buena fe se proyecta en forma concreta sobre cada uno de los afectados por la relación jurídica».

De acuerdo con lo expuesto, deben satisfacer la exigencia de buena fe tanto el comprador como el vendedor, el administrado como la Administración[95], las partes como el juzgador, el trabajador como el empleador; en fin, cualquier sujeto de derecho debe guiar su conducta según el mandato de la buena fe. Por ello se ha indicado: «La buena fe como principio general constituye una regla de conducta a que han de ajustarse todas las personas en sus respectivas relaciones»[96].

Según lo anterior, resulta oportuno resaltar, *grosso modo*, algunos instrumentos jurídicos que han «positivizado» el mencionado principio:

Así pues, el Código Civil, resuena como el texto que fija el compás para dibujar los contornos del principio general de la buena fe. Ello en razón que por su naturaleza es un texto legislativo que influye sobre todo el ordenamiento jurídico, salvo que existan disposiciones especiales. Lo indicado por representar el Derecho común[97]. Ciertamente, además de fijar los preceptos básicos de la aplicación del principio, el Código lo menciona expresamente en diversas instituciones donde se quiere acentuar su indispensable aplicación para que se alcance el cometido prefijado por el legislador.

En tal sentido, el artículo 789 del Código Civil, si bien se ubica en las normas sobre la posesión, establece: «La buena fe se presume siempre; y quien alegue la mala, deberá probarla»[98]. Esta disposición se extiende inalterablemente para todas las conductas que sean juzgadas bajo el foco del principio de la buena fe. Igualmente, el artículo 1160 *eiusdem*, apunta: «Los contratos deben ejecutarse de buena fe...», lo cual en realidad no se restringe únicamente

---

[95] *Vid.* TSJ/SPA, sent. N° 0087, citada *supra*, «... este principio es aplicable a todas las relaciones jurídico-administrativas, limitando el comportamiento de los sujetos que forman parte de ella, esto es, tanto para la Administración como para el administrado, quien debe actuar dentro de los límites de sus derechos y libertades».

[96] GONZÁLEZ PÉREZ: ob. cit. (El principio general...), p. 21.

[97] *Vid.* OTÁROLA ESPINOZA, Yasna: «La función supletoria de las normas de Derecho Civil». En: *Revista Chilena de Derecho y Ciencia Política*. N° 2. Universidad Católica de Temuco. Temuco, 2012, pp. 89 y ss.

[98] *Cfr.* artículo 898 del Código de Procedimiento Civil.

a dicha forma de generar obligaciones, sino que cualquier acción u omisión que despliegue un sujeto de derecho debe nacer, desarrollarse y extinguirse según los dictados del principio de la buena fe[99]. De allí que, acertadamente, la doctrina considera la buena fe como principio rector en materia de contratos[100].

El Código Civil regula expresamente algunos supuestos donde la buena fe debe estar presente para consolidar determinado derecho, como, por ejemplo: disfrutar de específicos efectos en el matrimonio declarado nulo (artículos 127 y 1450); gozar de la condición de poseedor de buena fe y con ello poder adquirir por prescripción decenal (artículo 1979), en el caso del deudor para tener acceso al beneficio de cesión de bienes (artículo 1936). También la buena fe permite exigir el respeto de derechos constituidos referidos a actos de adquisición (artículos 170, 559, 1001, 1707 y 1710), frutos adquiridos (artículos 437, 444 y 790) o el pago de una deuda (artículos 1179, 1285 y 1287). Es capital en materia de cumplimiento de contratos[101], de allí que se toma en cuenta, en lo referido a la determinación del error de hecho sobre el objeto (artículo 1148) y para precisar determinadas indemnizaciones (artículos 1139 y 1512)[102]. En materia de abuso de derecho coadyuva a fijar si el sujeto

---

[99] *Vid.* el Código Civil español (reformado en 1974) que como principio fundamental establece en su Título Preliminar artículo 7.1 «Los derechos deberán ejercitarse conforme a las exigencias de la buena fe»; véase también la Ley 29/2002, de 30 de diciembre, primera Ley del Código Civil de Cataluña artículo 111-7, dispone: «En las relaciones jurídicas privadas deben observarse siempre las exigencias de la buena fe y de la honradez en los tratos». Esta última disposición es explicada en la Exposición de motivos donde se indica: «El artículo 111-7 incorpora una norma sobre la buena fe porque en la tradición del Derecho catalán, en la línea del Derecho continental europeo del que forma parte, es un principio que tiene carácter general y que, por lo tanto, no puede limitarse al ámbito contractual». Por su parte, la Constitución de Colombia regula expresamente el principio de buena fe en el artículo 83, *vid. Compilación de constituciones políticas.* Tomo I. FUNEDA. Caracas, 1999, pp. 429 y ss.

[100] *Vid.* DOMÍNGUEZ GUILLÉN: ob. cit. (*Curso de Derecho Civil III...*), p. 546.

[101] Por ejemplo, URDANETA FONTIVEROS, Enrique: *Régimen jurídico de la exceptio non adimpleti contractus.* Academia de Ciencias Políticas y Sociales. Caracas, 2013, p. 21, señala que la referida excepción, para algunos autores, «es una consecuencia del principio de la buena fe que las parte deben desarrollar en la ejecución de todo contrato».

[102] *Vid.* URDANETA FONTIVEROS, Enrique: «El deber del acreedor perjudicado de evitar o mitigar el daño». En: *Revista Venezolana de Legislación y Jurisprudencia.* N° 6

se ha excedido en el ejercicio de su facultad y, en consecuencia, determinar si su conducta se ubica en lo lícito o no (artículo 1185)[103].

En materia de Registro del Estado Civil, muchos hechos y actos son inscritos con claro fundamento en el principio de la buena fe, así, por ejemplo, el reconocimiento de la filiación o la inscripción de una unión estable de hecho por manifestación de la pareja son claras muestras de figuras que poseen un soporte en el comportamiento leal que se espera de los declarantes. Ciertamente, en estos casos, el legislador considera que la declaración efectuada se corresponde con la realidad y que las partes han actuado con lealtad con el funcionario y de allí que le otorgue pleno valor jurídico a dichas afirmaciones.

En otros términos, en los supuestos examinados, no es con el reconocimiento o la manifestación de la unión que se crean o constituyen los derechos sustantivos, la filiación surgen con la concepción y el nacimiento vivo del hijo y la unión cuando la pareja forma en los hechos un hogar estable, las declaraciones ante el Registro del Estado Civil, lo que realmente consiguen es constituir un título para facilitar la demostración de la condición de padre e hijo o de pareja en la unión estable de hecho, lo cual en definitiva se debe tener como verídico hasta prueba en contrario, todo según postula la buena fe.

Este principio tiene cabida de igual forma en el Derecho Administrativo, así la Ley Orgánica de la Administración Pública[104] lo regula como un precepto cardinal que rige su actividad (artículo 10). Por su parte, la Ley de Simplificación de Trámites Administrativos[105] que le corresponde fijar las reglas generales mediante las cuales se racionalizan y se optimizan las relaciones entre administrado y Administración lo desarrolla ampliamente.

(homenaje a la memoria de Arturo Luis TORRES-RIVERO). Caracas, 2015, pp. 362 y ss., donde destaca que la buena fe es un fundamento del referido deber de mitigación.

[103] *Vid.* DOMÍNGUEZ GUILLÉN y VARELA CÁCERES: art. cit. («El abuso de derecho...»), pp. 534 y ss.

[104] *Gaceta Oficial de la República Bolivariana de Venezuela* N° 6147 extraordinario, del 17-11-14.

[105] *Gaceta Oficial de la República Bolivariana de Venezuela* N° 40549, del 26-11-14.

Concretamente, lo menciona como principio informador en el artículo 5 y señala su impacto en el artículo 16, al precisar: «… La solicitud, el aporte, recepción y análisis de la información requerida al solicitante deberá efectuarse en estricto cumplimiento del principio de buena fe». A su vez, dedica un capítulo completo a reglar las diversas aplicaciones concretas del principio en la esfera administrativa.

En ese sentido, la Ley de Simplificación de Trámites Administrativos determina la existencia de una presunción de buena fe, en términos similares a lo que establece el Código Civil, precisando en su artículo 24: «… se tomará como cierta la declaración de las personas interesadas, salvo prueba en contrario», ratificándolo en el artículo 26, «… se presume cierta la información declarada o proporcionada por la persona interesada».

Añade el artículo 24 *eiusdem*, que para consolidar este principio se requiere que se consignen solamente los documentos necesarios para «lograr el objetivo» propuesto con el trámite –los cuales estarán expresamente señalados por la ley, inventariados, publicados y difundidos (artículos 25, 31 y 38)–, de allí que cualquier otro «instrumento probatorio o de verificación» que se requiera como indispensable para efectos de control y seguimiento, se solicitará por vía de control posterior, es decir, para después del «resultado de la tramitación» y solo recaerá sobre hechos controvertidos (artículo 26).

En consecuencia, los documentos privados sustituyen a los públicos si lo que se acredita a través de los mismos no se encuentra controvertido, salvo que lo requiera expresamente la ley, ya que el principio de la buena fe reclama que se tenga como cierto lo atestiguado por dichos instrumentos. Igual situación ocurre con las copias simples que remplazan al original o a las copias certificadas, la excepción aquí estaría en que el documento se encuentre deteriorado y no permita extraer su contenido o que la ley expresamente exija la presentación del original o copia certificada (artículo 27). En el mismo orden, se podrá suprimir la consignación de documentos que acredite cualquier hecho relevante con declaraciones juradas efectuadas directamente por los solicitantes o apoderados (artículo 31). Entonces, las afirmaciones que se sustentan en documentos privados, copias simples o declaraciones juradas deben ser interpretadas por la Administración como verdaderas, salvo que se encuentre controvertidas[106], en atención a la buena fe que instituye que el ciudadano actúa siempre según un comportamiento leal hacia la Administración.

Otra secuela del principio de la buena fe, es liberar al usuario de cumplir con un determinado requisito que fue presupuesto de un trámite previamente realizado (artículo 28), una aplicación concreta de lo anterior se observa en las «solvencias», es decir, para aquellas certificaciones de la Administración sobre el cumplimiento de determinada obligación periódica; así la Ley de Simplificación de Trámites Administrativos señala que si para determinado asunto se debió tramitar una solvencia, no puede exigirse durante el lapso que cubre dicha solvencia, una distinta para realizar otro trámite ante la misma dependencia (artículo 30). En el caso de los comprobantes de pago, la Ley estipula que no se puede condicionar el pago que se deba a la Administración, a la acreditación de la cancelación de los períodos anteriores, ya que el finiquito de una determinada mensualidad no implica que las precedentes se encuentren satisfechas (artículo 29)[107].

Por último, para corregir cualquier conducta del administrado que implique una violación a la buena fe, se deben incorporar mecanismos de control posterior; estos buscan garantizar que no se quebrante «la confianza dispensada por la Administración Pública». Entonces, es a través de fórmulas de verificación y seguimiento que se corrigen las posibles desviaciones, abusos o fraudes, ejecutados después del trámite, sin obstaculizar su desarrollo, imponiendo sanciones ante las conductas que vulneren la buena fe dispensada (artículos 33, 34, 35 y 70 de la Ley de Simplificación de Trámites Administrativos).

---

[106] Téngase presente que en caso de que exista la necesidad de verificar una circunstancia o requisito que sea acreditado por un órgano público será la Administración la obligada a obtener la información directamente del ente estatal, sin poder imponer dicha carga al usuario del servicio (artículo 46 de la Ley de Simplificación de Trámites Administrativos).

[107] *Vid.* artículo 1296 del Código Civil, donde se establece una presunción inversa, es decir, se establece que el pago de determinado período presume el cumplimiento de las cuotas anteriores, salvo prueba en contrario.

De la misma manera, el principio general de la buena fe, posee recepción expresa en materia procesal, así el Código de Procedimiento Civil ratifica el postulado del artículo 1160 del Código Civil, al establecer que el juez debe ponderar la buena fe en la interpretación de los contratos (artículo 12). Además, exige un proceder apegado a la buena fe por parte de los sujetos procesales, por ello reclama un comportamiento leal de las partes, es decir, que actúen ajustados a la buena fe (artículos 17 y 170), en especial para el Ministerio Público, que en los procedimientos donde interviene, lo hará como parte de buena fe (artículo 129 del Código de Procedimiento Civil, en concordancia con el artículo 196 del Código Civil).

La Ley Orgánica Procesal del Trabajo establece una norma específica donde instituye en el juez el deber de garantizar que las partes actúen con lealtad; añade que las partes son responsables de los daños que originen por actuar de mala fe y determina algunas conductas procesales que se presumen contrarias a la *bona fides*, pudiendo incluso el juez imponer multas por dichas actuaciones (artículo 48). Igualmente, establece la referida Ley que el juez puede extraer del comportamiento desleal de las partes indicios que le permitan presumir elementos para decidir la pretensión (artículo 122 *eiusdem*)[108]. Por su parte, el Código Orgánico Procesal Penal también regula el deber de las partes de litigar de buena fe (artículos 105 y 107)[109].

Indudablemente, en toda conducta procesal se debe actuar ajustado a la buena fe, *verbi gratia*: en actuaciones como citaciones, notificaciones, cuestiones previas, medidas cautelares, recursos, etcétera, debe imperar la *bona fides* para que las mismas cumplan su propósito, que es ilustrar al juez de los

---

[108] Sobre el valor de los indicios y presunciones véase: SANQUÍRICO PITTEVIL. Fernando: «Indicios y presunciones como elementos de certeza procesal y legal». En: *Revista Venezolana de Legislación y Jurisprudencia*. N° 5 (homenaje a Fernando Ignacio PARRA ARANGUREN). Caracas, 2015, pp. 457 y ss.

[109] *Vid*. decisión de instancia donde el Ministerio Público argumenta que en atención al principio de la buena fe solicita el «cambio de calificación jurídica» del tipo penal, Tribunal Primero en Funciones de Juicio del Circuito Judicial Penal del estado Apure, del 11-06-12, exp. N° 1U-468-09.

hechos debatidos para que este pueda subsumirlos en las normas aplicables y se haga justicia.

Ciertamente, el principio de la buena fe es esencial para una correcta administración de justicia, su incumplimiento sencillamente puede devenir en injusticias, dilaciones, abusos, fraudes procesales, entre otras deslealtades. Por lo indicado, la Ley de Abogado instituye el deber de «proceder con lealtad, colaborando con el juez, en el triunfo de la justicia» (artículo 15) y el Código de Ética Profesional del Abogado Venezolano[110] determina: «Son deberes de Abogado: 1. Actuar con probidad, honradez, discreción, eficiencia, desinterés, veracidad y lealtad…» (artículo 4).

Como indica Duque Corredor, el principio ético general de «… la lealtad, determina deberes deontológicos específicos para los abogados en sus actuaciones procesales, cuyo incumplimiento puede generar responsabilidad disciplinaria por tratarse de infracciones a deberes éticos profesionales propios de los abogados que intervengan en actuaciones judiciales»[111].

1.5.1.4. Principio general de la igualdad

Este postulado es uno de los más generales del Derecho y por ello rige para toda conducta regulada por el ordenamiento jurídico, tiene un soporte claro en la Constitución (Preámbulo y los artículos 1, 2, 19 y 21 de forma general y en los artículos 57, 75, 77, 88, 89 N° 5, 95, 100, 103 y 111 que refieren algunos matices de los derechos fundamentales), así como también, en diversas áreas del Derecho se efectúan especificaciones para garantizar que se proscriba cualquier práctica discriminatoria[112].

---

[110] Aprobado el 3 de agosto de 1985, por la Junta Directiva del XIII Consejo Superior de la Federación de Colegios de Abogados de Venezuela.

[111] Duque Corredor, Román J.: *Lecciones elementales de deontología jurídica*. Academia de Ciencias Políticas y Sociales. Caracas, 2010, p. 88.

[112] Señala Domínguez Guillén: ob. cit. (*Curso de Derecho Civil III*…), p. 585, la igualdad también es citada por la doctrina entre los principios que inspiran la interpretación de los contratos.

En tal sentido, está demostrado que algunas condiciones personales son tomadas en cuenta por los actores sociales generando conductas claramente discriminatorias, tales como el sexo, la condición política, orientación sexual, origen, nacionalidad, estado civil, discapacidad, edad, entre otras. Con estas prácticas se busca restringir de forma inconstitucional la titularidad de un derecho o el disfrute de determinados beneficios, lo cual no puede ser aceptado según el respeto de la dignidad del ser humano.

Lo anterior no quiere decir que todos los individuos reciban idéntico tratamiento, sino que se trate igual a los iguales y diferente a los diferentes[113], así, por ejemplo, se establece un trámite registral de declaración de nacimiento extemporáneo más expedito cuando se está al frente de un menor de edad, que cuando corresponde a un adulto, ello responde a que, en el primer caso, hay que actuar con mayor diligencia y a contracorriente es más común la negligencia en la declaración del hecho de nacimiento, que en la hipótesis del adulto, supuesto que puede ser más propenso a un fraude (artículo 88 de la Ley Orgánica de Registro Civil). Entonces, se pueden establecer distinciones por categorías, siempre que las mismas sean objetivas, racionales y que persigan compensar los desequilibrios materiales, para así consolidar una igualdad real y efectiva.

1.5.2. *Principios sectoriales*

Los principios específicos de una sección del Derecho algunos autores los denominan principios «sectoriales»[114]. Al respecto CRETELLA JUNIOR comenta:

> Principios sectoriales son proposiciones básicas que informan los diversos sectores en que se divide la ciencia. Cuando el progreso científico impone

---

[113] *Vid.* DOMÍNGUEZ GUILLÉN: ob. cit. (*Ensayos sobre capacidad...*), p. 694, comenta que la igualdad no consiste en ofrecer el mismo tratamiento a seres con necesidades especiales. La ley debe crear mecanismos para contrarrestar los efectos derivados de la desigualdad.

[114] *Cfr.* PEYRANO y CHIAPPINI: ob. cit. (*Instituciones atípicas...*), p. 39. LUCES GIL, Francisco: *Derecho Registral Civil*. Bosch. Barcelona, 1976, p. 36, los denomina «principios fundamentales de la disciplina».

a determinado ramo del conocimiento humano una especialización mayor, esta división pasa a exigir una particular orientación, momento en que los denominados principios sectoriales, o sea, proposiciones más restrictas, son de aplicación a los nuevos sectores de la ciencia[115].

Con el término se pone énfasis en la existencia de fundamentos concretos para áreas o figuras jurídicas específicas. La relevancia de estos principios sectoriales no es de poca monta, ya que lo que se persigue es una adecuación más detallada de los principios generales del Derecho a una situación o categoría especialmente relevante, con ello se aspira alcanzar un correcto ajuste entre el comportamiento reglado –esperado– y el principio.

---

[115] CRETELLA JUNIOR: art. cit. («Los principios fundamentales…»), p. 434.

Capítulo II
Modelo de Registro del Estado Civil Venezolano

Corresponde ahora examinar brevemente las normas jurídicas que regulan el Registro del Estado Civil, para así desentrañar de ellas los principios sectoriales que se aplican a esta área del ordenamiento jurídico. Entonces, para alcanzar el propósito planteado, se demanda realizar una descripción del nuevo modelo registral creado a través de la Ley Orgánica de Registro Civil, ello en razón que este último representa una evolución que altera una tradición de más de un siglo, y sin su debida ponderación es cuesta arriba poder extraer los principios que rigen en el Registro Civil venezolano.

Concretamente, después de definir lo que se entiende por Registro del Estado Civil, se examinará su sistema u organización subjetiva, es decir, los órganos o entes que lo integran e igualmente su organización objetiva, que correspondería a la sistematización de los hechos o actos objeto de registro o, en otros términos, el modelo de archivo, que, en este caso, es electrónico y automatizado. Recuérdese que, únicamente teniendo lo anterior bien claro, se puede explicar con utilidad cuáles son los principios sectoriales que rigen en el modelo actual de Registro Civil, lo cual se efectuará en el capítulo III de este trabajo.

2.1. Registro del Estado Civil. Delimitación conceptual

La importancia de organizar el cúmulo de información asociada al estado civil originó prontamente la necesidad de instaurar una institución que de forma espacial se encargara de dicha función y, si bien su origen se remonta al siglo XV, concretamente a la práctica cristiana de llevar un catastro de los principales sacramentos católicos para sus fines particulares –bautizo y matrimonio, añadiéndose la defunción por su relevancia asociada con las exequias–, el Estado entendió que dicha recopilación de datos era útil, de allí que la concentrara posteriormente como parte de su actividad[116].

En efecto, distintos cambios han ocurrido desde los albores del Registro; como se indicó, al principio era fundamentalmente llevado por la Iglesia Católica, a través de sus diferentes sedes y según algunas regulaciones establecidas en un inicio por medio del Derecho Canónico y posteriormente derivadas del Estado; pero con el devenir de la codificación, iniciada con el Código Civil francés (1804), se comenzó a postular que el registro debía ser civil y, por tanto, debían sustituirse en el Estado las competencias que hasta dicho momento tenía la Iglesia.

En Venezuela, los primeros Códigos Civiles de 1862 y 1867, mantuvieron el registro católico regulando las formalidades de los libros y de los actos registrables, siendo durante la presidencia de GUZMÁN BLANCO que, a través de la «Ley sobre Matrimonio Civil y Registro de los Actos del Estado Civil» de 1873 se determinó un registro seglar y con ello de carácter exclusivamente «civil»[117]; disposiciones que posteriormente fueron incorporadas textualmente al Código Civil de ese mismo año[118].

---

[116] *Cfr.* OSSORIO, Manuel: *Diccionario de ciencias jurídicas, políticas y sociales*. Heliasta. Buenos Aires, 1974, p. 654, quien afirma: «Las ventajas derivadas de estos registros religiosos se hicieron tan evidentes, que las autoridades civiles decidieron hacerse partícipes de los mismos, dando plena fe a los asientos de los libros parroquiales».

[117] Comenta LUCES GIL: ob. cit. (*Derecho Registral...*), p. 18, que en España «la implantación del Registro Civil secular no fue una realidad hasta la Ley del Registro Civil de 17 de julio de 1870, dictada como consecuencia del principio de libertad de cultos proclamado en la Constitución de 1869». De la anterior cita se puede concluir que tal reforma foránea debió ser una influencia decisiva para la secularización de nuestro Registro.

[118] Sostiene DOMINICI, Aníbal: *Comentarios al Código Civil venezolano (reformado en 1896)*. Tomo I. Editorial REA. Caracas, 1962, p. 536, «La secularización del Registro del Estado Civil es pues, una de las más preciosas conquistas de la libertad y la civilización; independiza al hombre del poder y de la influencia de preceptos emanados de una religión, que no es quizá la que profesa, y le hace dueño de su personalidad en la sociedad civil de que es miembro, sin impedirle la facultad de llenar sus deberes religiosos en el fuero de su conciencia libre».

Desde aquel remoto 1873, hasta finales del siglo XX, no se observaron modificaciones sustanciales en lo tocante a la organización del registro –ni en las formalidades, ni en los hechos y actos objeto de inscripción–, no obstante las constantes críticas y los loables esfuerzos de algunos entes públicos y académicos por impulsar una transformación que solventará las fallas de un sistema ya para entonces arcaico e inoperante[119]. Ocurre entones la refundación del Estado con la Constitución de la República Bolivariana de Venezuela de 1999, que disciplina, tal vez, un hecho sutil en la forma, pero de efectos realmente significativos, el cual consistió en atribuir la competencia en materia de Registro del Estado Civil al Consejo Nacional Electoral y como consecuencia la promulgación de la novel Ley Orgánica de Registro Civil, que entró en vigencia en marzo de 2010.

Ahora bien, antes de entrar en materia, conviene destacar que el ordenamiento jurídico regula distintos registros, es decir, oficinas públicas que almacenan datos de diferente naturaleza tanto administrativa como jurídica[120]. En particular, interesan los registros jurídicos, es decir, aquellos que resguardan actos o hechos privados; en palabras claras, entes que forman parte de los Poderes Públicos y que tienen como misión recopilar datos referentes al Derecho privado, sean de carácter civil o mercantil, con la finalidad de que produzcan determinados efectos jurídicos: constitutivos o probatorios[121]. Concretamente,

---

[119] *Vid.* los distintos proyectos de reforma en: *Código Civil de Venezuela artículos 445 al 463*. UCV. Claudia MADRID M., relatora. Caracas, 1999, pp. 89 y ss.

[120] *Cfr.* CORNEJO, Américo Atilio: *Derecho registral*. Astrea. Buenos Aires, 1994, p. 6, quien siguiendo a CHICO Y ORTIZ, apunta: «se debe distinguir los registros administrativos de los registros jurídicos». MARÍN LÓPEZ, Juan José: «La ordenación de los registros e instrumentos públicos como título competencial del Estado». En: *Derecho Privado y Constitución*. N° 2. CEPC. Madrid, 1994, pp. 145 y 146, parafraseando también a CHICO Y ORTIZ, señala que serían registros jurídicos los que generan documentos públicos, es decir, «la inscripción produce un 'efecto jurídico' basado en la publicidad»; por su parte, «administrativo es 'un archivo, fichero, sin más trascendencia que el control que ello lleva consigo o como requisito de carácter administrativo'». Ejemplo de este último, sería el Registro Nacional de Arrendamiento de Vivienda creado por la Ley para la Regulación y Control de los Arrendamientos de Viviendas (artículos 20 N° 13; 22 y 48).

[121] DOMÍNGUEZ GUILLÉN: ob. cit. (*Manual de Derecho Civil I...*), p. 142, define al Registro como una «Institución jurídica de carácter público en la que se hace constar de un

se hace alusión al «Registro Público»[122] –denominado también «Oficina Subalterna»[123] o registro inmobiliario–, así como al Registro Mercantil o de Comercio y, por último, al Registro Civil identificado también como: «Registro del Estado Civil».

Luego, cada oficina mencionada cumple funciones específicas, así, por ejemplo, en el Registro Público se inscriben principalmente todos los actos que afecten las relaciones jurídicas que recaen sobre bienes inmuebles, además de aquellos actos donde la Ley de forma expresa exige su inscripción, tales como las actas constitutivas y los estatutos de la personas jurídicas (artículo 19 del Código Civil), igualmente se asientan en dicha Oficina las capitulaciones matrimoniales (artículo 143 *eiusdem*)[124], idéntica suerte siguen las modificaciones de los actos anteriores. Al Registro Mercantil le corresponde llevar los asientos de los actos de comercio y lo tocante a la constitución de la cualidad de comerciante[125].

Con este panorama parcialmente dibujado, corresponde delimitar un concepto de Registro del Estado Civil, siendo que la doctrina se ha ocupado de proponer diferentes definiciones:

El ya clásico AGUILAR GORRONDONA indica: el «Registro del Estado Civil tiene por finalidad servir de fuente de información sobre el estado de las personas y suministrar medios probatorios de fácil obtención y señalada eficacia para demostrar el estado de las mismas»[126].

---

modo auténtico ciertos actos y hechos jurídicos. Pretende servir de fuente de información a los terceros y permitir una prueba preconstituida respecto de tales actos». *Cfr.* DOMÍNGUEZ GUILLÉN, María Candelaria: *Diccionario de Derecho Civil*. Panapo. Caracas, 2009, p. 142.

[122] *Vid.* artículos 1913 al 1928 del Código Civil.
[123] *Vid.* artículos 19, 143, 190, 721, 866, 989, 1651 y 1842 del Código Civil.
[124] Cabe destacar que la Ley Orgánica de Registro Civil determina que en el acta de matrimonio se debe indicar si se celebró capitulaciones matrimoniales (artículo 104 N° 5).
[125] *Vid.* artículo 19 del Código de Comercio, donde se detalla el catálogo de actos inscribibles en el Registro en cuestión.
[126] AGUILAR GORRONDONA, José Luis: *Derecho Civil (personas)*. 8ª, UCAB. Caracas, 1985, p. 100.

Obando Salazar lo define como: «la institución que con carácter de servicio administrativo, tiene a su cargo la inscripción de los hechos afectantes al estado de las personas, para que públicamente conste de la versión oficial sobre la existencia, estado y condición civil de cada individuo»[127].

Luces Gil señala, en su obra, que puede ser definido como: «la institución que tiene por objeto dar publicidad a los hechos y actos que afectan al estado civil de las personas, cooperar, en ciertos casos, a la constitución de tales actos y, proporcionar títulos de legitimación de estado civil»[128].

Entonces, se podría definir al Registro del Estado Civil como la oficina pública que tiene por misión recopilar los hechos y actos que afectan directamente al estado civil de las personas, así como aquellos datos que son relevantes a los fines de conformar el padrón electoral, creando un catastro que sirve de prueba preconstituida, con valor de fe pública, que el ordenamiento le imprime a los hechos y actos allí inscritos.

2.2. Sistema Nacional de Registro Civil

Para dilucidar la organización administrativa del Registro del Estado Civil, se requiere ponderar que la misma se sustenta en un modelo jerarquizado que va desde órganos con competencia nacional hasta unidades municipales o parroquiales. Cada uno de los entes que lo conforman poseen específicas atribuciones y, en conjunto, permiten recabar y organizar un sistema de Registro confiable.

Es la Constitución de la República Bolivariana de Venezuela (artículos 292 y 293 N° 7), la que establece que el Consejo Nacional Electoral lo integra, entre otros organismos, la «Comisión de Registro Civil y Electoral» y entre sus funciones se encuentra la de «Mantener, organizar, dirigir y supervisar el Registro Civil y Electoral»[129].

---

[127] Obando Salazar, Ramón Augusto: *El Registro del Estado Civil*. Imprenta Oficial. Mérida, 1966, p. 24.
[128] Luces Gil: ob. cit. (*Derecho Registral...*), p. 17.
[129] *Vid.* TSJ/SC, sent. N° 2651, *Gaceta Oficial de la República Bolivariana de Venezuela* N° 5670 extraordinario, del 15-10-03, en la cual se decide sobre dos recursos de interpretación de los artículos 174, 292 y 293 N° 7, de la Constitución.

A raíz del aludido mandato constitucional, la Ley Orgánica del Poder Electoral[130], además de ratificar lo indicado en la Carta Magna[131], determina que la Comisión de Registro Civil y Electoral tiene como finalidad: «... la centralización de la información del Registro del Estado Civil de las personas naturales, el cual se forma de la manera prevista en la ley respectiva. Igualmente asumen la formación, organización, supervisión y actualización del registro civil y electoral».

De lo dicho hasta ahora, conviene subrayar que lo que se pretende es establecer un registro electoral con fines propios para garantizar la transparencia de los sufragios y para cumplir tal objetivo, el mismo se conformará con los datos relevantes que proporciona el Registro del Estado Civil; de allí que son dos catastros que se complementan y donde cada uno cumple funciones privativas. El «Registro Civil» resguarda la información más relevante para las personas naturales, los principales hechos o actos que alteran su estado civil y además se inscriben ciertas circunstancias trascendentes para fines electorales. Por su parte, el «Registro Electoral» determina el empadronamiento de los votantes que participan en los diferentes sufragios que dirige el Consejo Nacional Electoral.

Entonces, es el espíritu de armonización el que guía al constituyente para que determine que el Registro del Estado Civil sea asumido por el Consejo Nacional Electoral, ya que siendo este el competente en todo lo referente a las elecciones y demás derechos políticos asociados, resulta pertinente que al mismo tiempo sea el que organice, gobierne y supervise la institución denominada «Registro del Estado Civil»[132].

---

[130] *Gaceta Oficial de la República Bolivariana de Venezuela* N° 37573, del 19-11-02.
[131] Así el artículo 292 de la Constitución se ve reproducido en los artículos 1 y 44 de la Ley Orgánica del Poder Electoral y, en lo tocante a las atribuciones, el artículo 19 *Lex cit.* se encarga de desarrollar tales competencias.
[132] Tal reunión de funciones se evidencia en algunos países de Latinoamérica, así GONZÁLEZ LOBATO, Eglée: *Registro electoral venezolano*. Ediciones Paredes. Caracas, 2012, pp. 144 y ss. lo observa en Colombia, Costa Rica, Panamá, Bolivia y Nicaragua aunque con particularidades.

Ciertamente, se observa una modificación sustancial en cuanto a la organización del Registro Civil, en relación con el arquetipo anterior que descansaba en las figuras de los prefectos y los jefes civiles, con la participación de otros sujetos, como el juez civil, el alcalde, el síndico municipal, el Concejo Municipal y los registros principales, entes y órganos que ejercían funciones especiales en materia registral, pero que, en general, no estaban dotados de la debida sistematización y coherencia en el ejercicio de sus funciones. El panorama narrado es corregido, si se quiere, con la Ley Orgánica de Registro Civil que inicia el diseño de su modelo con la regulación de un «Sistema Nacional de Registro Civil», donde participan diferentes entes, pero todos bajo la rectoría del Consejo Nacional Electoral[133].

Dicho «Sistema» es definido por los redactores del Proyecto de la Ley Orgánica de Registro Civil, como «el conjunto de órganos del Poder Público que, bajo el principio de coordinación, van a converger en un objetivo común, cual es la organización y formación de un Registro Civil centralizado, completo, coherente, seguro, confiable y efectivo»[134]. Por su parte, el artículo 10 del Reglamento de la Ley Orgánica de Registro Civil indica como su objeto: «... la coordinación de políticas, planes, acciones y estrategias entre los órganos que lo conforman, dirigidas a garantizar el derecho humano a la identidad y a la identificación, mediante la inscripción en el Registro Civil de los actos jurídicos y hechos vitales de manera inmediata y segura, facilitando a todas las personas la realización de los trámites y procedimientos necesarios para cumplir con lo establecido en la Ley...».

A tal efecto, señala la Ley Orgánica de Registro Civil varias entidades que integran el Sistema (artículo 18), diferenciando entre órganos de «gestión», de «cooperación» y ejecutores «de las políticas y directrices», a saber:

---

[133] *Vid.* TRUJILLO GUERRA, Luis: «Reseña de legislación. Ley Orgánica de Registro Civil». En: *Cuestiones Jurídicas*. Vol. IV, N° 1. Universidad Rafael Urdaneta. Maracaibo, 2010, pp. 101 y ss.

[134] *Vid. Informe técnico jurídico del Proyecto de Ley Orgánica de Registro Civil.* CNE. Agosto de 2007, p. 15.

2.2.1. *Órganos de ejecución de políticas y directrices*

El Consejo Nacional Electoral es el ente rector y a él se encuentran subordinados varias estructuras administrativas internas, tal es el caso de la Comisión de Registro Civil y Electoral, siendo dicha Comisión el principal órgano encargado de ejecutar las políticas y directrices que emita el «cuerpo colegiado» en materia registral.

Así pues, la Comisión de Registro Civil y Electoral, le corresponde «la coordinación de las actividades inherentes al funcionamiento del Sistema» y ejerce su «Secretaria Ejecutiva» (artículos 12 y 13 del Reglamento de la Ley Orgánica de Registro Civil). Por su parte, según la Ley Orgánica del Poder Electoral detenta, en lo tocante a la materia de Registro del Estado Civil, las siguientes atribuciones:

> Artículo 59.- La Comisión de Registro Civil y Electoral tiene las siguientes funciones: 1. Planificar, coordinar, supervisar y controlar el registro civil y electoral y conservar libros, actas y demás documentos correspondientes. 2. Proponer ante el Consejo Nacional Electoral para su aprobación, las normas y procedimientos que habrán de seguirse para el levantamiento e inscripción del Registro del Estado Civil de las personas, así como para el control y seguimiento de dicho registro. 3. Girar instrucciones de obligatorio cumplimiento previa aprobación del Consejo Nacional Electoral, a las alcaldesas y los alcaldes y otros funcionarios para la inscripción y levantamiento de las actas de Registro del Estado Civil de las personas. 4. Proponer ante el Consejo Nacional Electoral las personas a ser designadas agentes auxiliares para el levantamiento e inscripción del Registro del Estado Civil de las personas en casos especiales o excepcionales...

Luego, para cumplir dichas funciones la Comisión de Registro Civil y Electoral se organiza en tres oficinas, con competencia a nivel nacional, a saber: i. La Oficina Nacional de Registro Civil; ii. la Oficina Nacional de Registro Electoral y iii. la Oficina Nacional de Supervisión del Registro Civil e Identificación.

De las indicadas oficinas, tienen carácter ejecutor en materia de Registro Civil: la Oficina Nacional de Registro Civil, así como la Oficina Nacional de Supervisión del Registro Civil e Identificación, aunque esta última únicamente en los aspectos específicos relacionados con la fiscalización y auditoria del «Sistema».

A la Oficina Nacional de Registro Civil, le compete a grandes rasgos: «Planificar, coordinar y controlar las actividades inherentes al Registro Civil de las personas naturales», así como «Centralizar la información y documentación concerniente al registro de los nacimientos, matrimonios, divorcios, defunciones y demás actos que modifiquen el estado civil de las personas, así como las resoluciones judiciales o administrativas que alteren, incidan o modifiquen la condición de electora o elector» (artículo 61 de la Ley Orgánica del Poder Electoral). Entre las funciones más importantes que detenta la Oficina Nacional de Registro Civil, según el artículo 25 de la Ley Orgánica de Registro Civil, se ubican: la de evaluar el desempeño de cada oficina y unidad de Registro del Estado Civil; centralizar la información y documentación de los hechos y actos susceptible de inscripción; además de crear, organizar el archivo de la Oficina. Las anteriores atribuciones implican en la praxis la creación de un ente que establecerá la doctrina administrativa en materia de Registro del Estado Civil[135].

---

[135] Esta doctrina se formará en el ejercicio de las funciones que detenta la Oficina Nacional de Registro Civil referidas a la emisión de opiniones en caso de solicitud de inscripción de nacimiento para mayores de edad (artículo 88 de la Ley Orgánica de Registro Civil); la tramitación del procedimiento de nulidad de actas de Registro del Estado Civil (artículo 150 *eiusdem*), reconstrucción de actas (artículo 154 *Lex cit.*), sustanciación de los procedimientos sancionatorios (artículo 163 de la misma Ley), entre otros. El Reglamento añade otras actividades que originarían esta «doctrina», tales como: emitir instrucciones; dar oportuna respuesta a las consultas en materia de Registro del Estado Civil; ordenar notas marginales, inserciones y asentamiento de actas; realizar seguimiento a la tramitación de los recursos administrativos; y subsanar las actas que tengan vicios de forma, sin perjuicio de su posible convalidación (artículo 7). En tal sentido, sería aconsejable que se creará un «Boletín», que como órgano oficial divulgara la doctrina proveniente de la Oficina Nacional de Registro Civil, en términos similares al creado «teóricamente» a través de la Ley de Registros y del Notariado (*Gaceta Oficial de la República Bolivariana de Venezuela* N° 6156 extraordinario, del 19-11-14) para la difusión de información relevante en materia mercantil (artículo 55).

Por su parte, la Oficina Nacional de Supervisión del Registro Civil e Identificación, en materia de Registro Civil, cumple con las siguientes tareas: «1. Supervisar y fiscalizar el Sistema Nacional de Registro Civil. 2. Supervisar la actualización de los datos en materia del Registro del Estado Civil de las personas sobre la base de la información proveniente del Sistema Nacional de Registro Civil...» (artículo 63 de la Ley Orgánica del Poder Electoral).

En lo que respecta a las antiguas funciones que, según el Código Civil, detentaba el síndico municipal y el juez de primera instancia en lo civil, en materia de revisión de los libros, estas ahora recaen en la Oficina Nacional de Registro Civil (artículo 25 Nº 7 de la Ley Orgánica de Registro Civil), junto con la Oficina Nacional de Supervisión del Registro Civil e Identificación (artículo 28 *eiusdem*)[136].

Por último, la existencia de un Registro Principal adscrito al ministerio competente en materia de interior y justicia, y ubicado en cada capital de estado, con la función básica de resguardar los duplicados de los libros del Registro del Estado Civil, carece de propósito según el diseño de la Ley Orgánica de Registro Civil al transferirse dicha atribución a la «Oficina Regional Electoral» respectiva; siendo estas unidades administrativas del Poder Electoral, que se ubican en cada capital de entidad federal, las encargadas de resguardar los libros que generen tanto las oficinas de Registro del Estado Civil como las unidades que se encuentren dentro de su jurisdicción (artículos 28 y 73, en conexión con la Disposición Transitoria Octava de la Ley Orgánica de Registro Civil y el artículo 41 de la Ley Orgánica del Poder Electoral)[137].

Vale destacar que Luces Gil: ob. cit. (*Derecho Registral...*), p. 22, comenta que «en el ámbito registral civil, la doctrina y las instrucciones de la Dirección General de los Registros y del Notariado, que viene a ser como una jurisprudencia especial, de gran valor científico».

[136] Basté añadir que, según la Disposición Derogatoria Segunda de la Ley Orgánica de Registro Civil, quedaron abolidas las regulaciones atinentes a las funciones de revisión de los jueces de primera instancia (artículo 493 del Código Civil) y de remisión al Registro Principal (artículo 498 *eiusdem*).

[137] *Cfr.* Ávila Rodríguez, Vinicio: «Comentarios a la organización del Registro del Estado Civil en la actualidad». En: *Temas de Derecho Civil. Libro homenaje a Andrés*

2.2.2. *Órganos de cooperación*

La Ley Orgánica de Registro Civil regula como parte integrante del Sistema determinados ministerios que realizan funciones propias, pero con repercusiones en materia de inscripción de asientos del estado civil.

Así, se menciona al ministerio con competencia en relaciones de interior y justicia, al ser este el encargado de prestar los servicios asociados a la emisión de los documentos de identidad, concretamente en lo referente a la expedición de cédulas de identidad y pasaportes; también, tienen funciones de migración y extranjería, relevantes para el estado civil, como la obtención de la nacionalidad mediante «carta de naturaleza», así como las demás declaraciones de adquisición o renuncia de nacionalidad (artículos 132 *eiusdem* y 77 del Reglamento). Asimismo, en la determinación, revocación o pérdida de la condición de migrante.

Igualmente, integran este bloque, en funciones de colaboración, el ministerio con competencia en materia de salud, en lo tocante a la confección de los certificados

Aguilar Mawdsley. Vol. I. TSJ. Fernando PARRA ARANGUREN, editor. Caracas, 2004, p. 201, quien al analizar el artículo 59 N° 1 de la Ley Orgánica del Poder Electoral, donde se regula la facultad por parte de la Comisión de Registro Civil y Electoral de conservar los libros del Registro Civil, apuntaba que tal regulación originaría a su juicio «la derogatoria de las disposiciones del Código Civil que le atribuyen tal función de conservación de los libros a las oficinas de Registro Principal». Por otra parte, si bien la Disposición Derogatoria Séptima de la Ley Orgánica de Registro Civil, deja incólume la atribución referida a la inscripción de los títulos y certificados académicos y científicos, eclesiásticos y despachos militares, a qué hacía alusión el artículo 65 N° 3 de la derogada Ley de Registro Público y del Notariado de 2006, ahora Ley de Registros y del Notariado (artículo 66 N° 2) añadiendo la inscripción de «La separación de cuerpo y bienes» muebles –ya que si se refiere a bienes inmuebles o derechos reales corresponde al Registro Público– y de actos relacionados con la personas jurídicas civiles (artículo 67), añade otras funciones como la legalización de firmas y el resguardo de «los duplicados de los asientos de los registros y notarías»; resulta un verdadero desatino el mantener una institución registral que ve limitada su competencia únicamente a las anteriores actividades, de allí que deberá reorganizarse dicha función con el objetivo de ser traspasada a las notarías o incluso al Registro del Estado Civil y así prescindir, en definitiva, de las mencionadas oficinas.

de nacimiento y de defunción (artículos 92 y 128 de la Ley Orgánica de Registro Civil). Así como el ministerio con competencia en pueblos indígenas, en lo referido a los actos del estado civil vinculados a dichas comunidades.

Habría que añadirse dentro de los órganos de cooperación, a los consejos de protección de niños, niñas y adolescentes, entes creados a nivel municipal con autonomía funcional, pero adscritos a la respectiva alcaldía. Así pues, los consejos de protección tienen la facultad de solicitar al Registro del Estado Civil la expedición de partidas que se requieran para la tutela del derecho a la identidad de los menores de edad (artículo 160 literal j, de la Ley Orgánica para la Protección de Niños, Niñas y Adolescentes); asimismo, pueden a través de una medida de protección, intimar a los obligados o al registrador civil para que procedan a efectuar la inscripción de un nacimiento no asentado o incluso a que proceda a efectuar las rectificaciones de errores u omisiones a que hubiera lugar (artículo 126 literal f *eiusdem*; en concordancia con los artículos 84 N° 4, 85 N° 6 y 91 de la Ley Orgánica de Registro Civil, y 40 del Reglamento)[138]. Además, la Ley Orgánica de Registro Civil amplifica la participación de los consejos de protección al asignarles las siguientes funciones:

> i. Veedor de la legalidad en la Unidades de Registro Civil ubicadas en establecimientos de salud, específicamente en cuanto a la correcta inscripción de nacimiento (artículo 87); ii. participa en el trámite de la inscripción de nacimiento extemporánea de un menor de edad, elaborando un informe sobre el caso (artículo 88 de la Ley, en conexión con al artículo 36 del Reglamento); iii. pueden autorizar a los adolescentes menores de 14 años para que efectúen el reconocimiento de sus hijos (artículo 90); y iv. emiten su opinión en el caso de inscripción de la renuncia a la nacionalidad referida a niños o adolescentes (artículo 82 del Reglamento de la Ley Orgánica de Registro Civil).

---

[138] *Vid.* VARELA CÁCERES, Edison Lucio: *La modificación del nombre propio en los niños y adolescentes*. UCV. Caracas, 2008, pp. 122 y ss. VARELA CÁCERES, Edison: «La rectificación de las actas del Registro de Estado Civil por errores materiales, regulada en la Ley Orgánica para la Protección de Niños, Niñas y Adolescentes». En: *Revista de la Facultad de Ciencias Jurídicas y Políticas*. N° 135. UCV. Caracas, 2010, pp. 354 y ss.

En otro orden, se requiere a los fines de guardar cierta coherencia interna en el Sistema Nacional de Registro Civil, hacer mención a determinadas personas que actúan de forma extraordinaria como receptores de declaraciones sobre hechos o actos del estado civil y que por tanto cumplen una función de colaboración con el Registro, aunque no efectúan el asiento que, en definitiva, le corresponde a los órganos de gestión. Entre estos entes se puede mencionar a los registros públicos y mercantiles, así como a las notarías en asuntos de reconocimiento de filiación (artículos 217 N° 3 y 218 del Código Civil, en concordancia con el artículo 96 de la Ley Orgánica de Registro Civil), o en materia de unión estable de hecho (artículo 117 N° 2 de la Ley Orgánica); los alcaldes o funcionarios designados por estos, o los capitanes de buques de bandera venezolana en relación con la celebración de matrimonios (artículo 99 de la Ley Orgánica de Registro Civil, en concordancia con los artículos 60 y 61 del Reglamento), en el caso excepcional del «matrimonio en artículo de muerte» pueden celebrar el acto cualquier autoridad y, en su defecto, tres personas mayores de edad (artículos 98 y 101 del Código Civil, en concordancia con el artículo 110 de la Ley Orgánica de Registro Civil). El ministerio con competencia en defensa de la nación en caso de defunciones y otros actos civiles de militares en campaña (artículos 488 y 490 del Código Civil, en concordancia con el artículo 124 N° 4 de la Ley Orgánica de Registro Civil)[139].

Habría que sumar a los anteriores al «juez de paz comunal», el cual podrá celebrar matrimonios (artículo 8 N° 7 de la Ley Orgánica de la Jurisdicción Especial de la Justicia de Paz Comunal[140]). Sobre este último caso, no se puede pasar por alto un comentario del referido instrumento legal que contiene fallas palpables de técnica legislativa[141]. En lo que respecta a la institución del

---

[139] LUCES GIL: ob. cit. (*Derecho Registral*...), p. 63, apunta: «Todos estos funcionarios o autoridades (…) no son propiamente órganos registrales, pero cooperan circunstancialmente a la función registral en cuanto que elaboran unos títulos excepcionales».
[140] *Gaceta Oficial de la República Bolivariana de Venezuela* N° 39913, del 02-05-12.
[141] *Vid*. PELLEGRINO PACERA, Cosimina G.: «Algunos comentarios sobre la (in)constitucionalidad de la Ley Orgánica de la Jurisdicción Especial de la Justicia de Paz Comunal». En: *Revista Venezolana de Legislación y Jurisprudencia*. N° 2. Caracas, 2013, pp. 303 y ss.

Registro del Estado Civil el referido artículo 8 N° 9, señala que a estos «jueces» les compete la disolución amigable de la comunidad de bienes, sobre lo cual «se remitirá copia certificada al Registro Civil respectivo»; en tal sentido, no se entiende la utilidad de la remisión, ya que el dato no corresponde a un acto del estado civil o que permita conformar el padrón electoral. En todo caso, el artículo 3 N° 4 de la Ley Orgánica de Registro Civil hace referencia a una figura distinta como es la «separación de cuerpo» y el artículo 104 N° 5, indica que el acta de matrimonio contendrá la mención sobre los «Datos registrales del documento de capitulaciones matrimoniales, si los hubiere». En fin, la remisión debe ser al Registro Público, como lo indica expresamente el artículo 190 del Código Civil, en concordancia con los artículos 46 N° 6 y 66 N° 1 de la Ley de Registros y del Notariado. Empero, se pudiera dar el beneficio de la duda y pensar que en el caso de la Ley Orgánica de la Jurisdicción Especial de la Justicia de Paz Comunal el legislador siguió la tendencia de la Ley de Registro Civil española de 1957, que según comentan Díez-Picazo y Gullón en su articulado introduce como novedad «la posibilidad de publicar el régimen económico-matrimonial adoptado por los cónyuges», así como la «facultad para que al margen de la inscripción de matrimonio se haga indicación de los pactos, resoluciones judiciales y demás hechos que modifiquen aquel régimen»[142].

Pero hay más observaciones, el numeral 8 del artículo comentado de la Ley Orgánica de la Jurisdicción Especial de la Justicia de Paz Comunal expresa lo siguiente: «Declarar, sin procedimiento previo y en presencia de la pareja, el

---

[142] Díez-Picazo, Luis y Gullón, Antonio: *Instituciones de Derecho Civil (Introducción. Parte general. Derecho de la persona)*. Vol. I/1. 2ª, Tecnos. Madrid, 1998, p. 208. Por su parte, Luces Gil: ob. cit. (*Derecho Registral…*), p. 33, recuerda: «El régimen económico matrimonial, circunstancia que no pertenece al campo del estado civil, no es objeto de inscripción propiamente dicha, sino de meras indicaciones». *Vid.* en España los artículos 4 N° 8 y 60 de la Ley 20/2011. En Venezuela, según comenta Domínguez Guillén, María Candelaria: «La rectificación de partidas: referencia sustantiva y algunas notas procedimentales». En: *Revista de la Facultad de Ciencias Jurídicas y Políticas*. N° 135. UCV. Caracas, 2010, p. 253, el autor Luis Quirós en 1941 indicaba como oráculo: «sería conveniente en una reforma que se obligara a expresar en el acta de matrimonio la existencia del documento de capitulaciones para facilidad de conocimiento de terceros».

divorcio o la disolución de las uniones estables de hecho cuando sea por mutuo consentimiento...», dos errores graves surgen de las líneas anteriores. Por una parte, todo ejercicio de una competencia decisoria exige por lógica un trámite o procedimiento aunque sea sumario o abreviado, el «juez» como mínimo debe recibir la solicitud, verificar que están resguardados los extremos de ley y decidir, aunque realice dichas actividades en un acto único[143]. Empero, lo más censurable de la norma es que autoriza a través de una norma atributiva de competencia el «divorcio libre», sin ribetes, ni rubor, tesis que, si bien es plausible, exige una regulación sustantiva y adjetiva a los fines de evitar problemas en la hermenéutica[144]. Las referidas falencias son consecuencias de reformas improvisadas que tanto daño ocasionan al Sistema, aunque estén preñadas de buenas intenciones.

2.2.3. Órganos de gestión

Se denominan «órganos de gestión» a los entes, que dentro del Sistema Nacional de Registro Civil, se encargan de llevar a cabo las funciones propias

---

[143] Comenta Alfonso DE COSSÍO Y CORRAL: «... toda relación exige, para poder constituirse, una forma determinada, por más sencilla que esta sea», el Derecho hoy «buscando mayor flexibilidad y atendiendo más al valor interno que a la exterioridad del acto, admite, por regla general, como forma suficiente, cualquier modo que la voluntad tenga (...). No es, por lo tanto, que el Derecho espiritualista niegue la forma, lo único que hace es simplificarla, permitiendo con ello que el espíritu mantenga su dominio sobre las palabras, frente al Derecho formalista, que lo convertía en esclavo de ellas», citado en CRISTÓBAL MONTES, Ángel: *Introducción al Derecho Inmobiliario Registral*. UCV. Caracas, 1982, pp. 18 y 19.

[144] *Vid.* Resolución N° 120823-511, *Gaceta Oficial de la República Bolivariana de Venezuela* N° 40011, del 19-09-12. *Vid.* sobre las improvisaciones judiciales los siguientes fallos: TSJ/SC, sent. N° 446, del 15-05-14 (toca el tema del divorcio a través del artículo 185-A del Código Civil); sent. N° 693, del 02-06-15 (sobre el divorcio libre), y sent. N° 1710, del 18-12-15 (sobre la competencia de los jueces de municipio en materia de divorcio). *Vid.* sobre el tema del divorcio libre: VARELA CÁCERES, Edison: «El Derecho de Familia en el siglo XXI: Aspectos constitucionales y nuevas tendencias». En: *Revista de Derecho*. N° 31. TSJ. Caracas, 2009, pp. 97 y ss. VARELA CÁCERES, Edison Lucio: «La última sentencia de divorcio de la Sala Constitucional (comentarios a la sentencia N° 693 de fecha 2 de junio de 2015)». En: *Revista Venezolana de Legislación y Jurisprudencia*. N° 6 (homenaje a la memoria del profesor Arturo Luis TORRES-RIVERO). Caracas, 2016, pp. 145 y ss.

de inscripción de los hechos y actos relativos al Registro del Estado Civil, en los asientos diseñados para tales fines[145].

Los órganos de gestión tienen la misión de conformar el registro con los datos que son proporcionados por los declarantes y demás órganos y entes obligados a remitir información vinculada al estado civil. Entonces, su misión es introducir la información en el archivo automatizado y digital, y con tal actividad forman al unísono el archivo físico de respaldo, manteniendo la debida publicidad sobre los asientos del registro y, por supuesto, garantizan la reserva de aquellos asuntos que son secretos. Igualmente, sustancian los trámites para efectuar cambios y rectificaciones permitidas por la Ley, entre otras actividades. Estos órganos son:

2.2.3.1. Oficinas de Registro Civil

Estas dependencias se encuentran adscritas al Consejo Nacional Electoral y se ubican a nivel municipal[146], pudiéndose establecer unidades en parroquias[147], así como en centros de salud públicos y privados o en cementerios, además de las unidades accidentales especialmente habilitadas cuando «por razones de interés público se requiera», todo a juicio del Consejo Nacional Electoral.

---

[145] MARÍN ECHEVERRÍA, Antonio Ramón: *Derecho Civil I personas*. McGraw-Hill Interamericana. Caracas, 1998, p. 102, comenta que la función de Registro del Estado Civil «debe encomendarse a funcionarios públicos específicos, quienes, revestidos de facultad para dar fe pública de sus actuaciones, asumen todo lo concerniente a la recepción de las declaraciones de quienes tiene interés en que se deje constancia de la realización de algún acto del estado civil o, simplemente, intervienen para dejar constancia oficiosamente de dichos actos».

[146] Como destaca GONZÁLEZ, Fortunato: «El régimen del Registro del Estado Civil y la descentralización». En: *Anuario Jurídico*. N° 3. Colegio de Abogados del estado Mérida. Mérida, 1994, p. 60, «la función registral de la vida civil de las personas es una materia estrictamente local, impuesta por la fuerza de la propia naturaleza».

[147] *Vid*. artículo 30 de la Ley Orgánica del Poder Público Municipal, define a las parroquias como: «demarcaciones creadas con el objeto de desconcentrar la gestión municipal, promover la participación ciudadana y una mejor prestación de los servicios públicos municipales».

En estas oficinas habrá un registrador civil; concretamente la Ley Orgánica de Registro Civil le dedica el Capítulo II del Título III. Sobre tales normas surgen serias críticas, muchas de ellas que fueron imputadas a la osamenta regulada en el Código Civil y que lamentablemente no fueron corregidas a nuestro juicio.

Ciertamente, una de las deficiencias que se percibía de las disposiciones del Código y que no fue resuelta, era lo relativo a la necesidad que los funcionarios encargados del Registro fueran de carrera. Como se recordará, los principales actores, desde el año de 1873 cuando se le dio el carácter de civil al Registro, eran el prefecto y el jefe civil, funcionarios designados por los Concejos Municipales y por los gobernadores de estados, seleccionados con clara preferencia a sus tendencias políticas, circunstancia que los hacia subordinados al gobernante y no a los altos intereses que recaían sobre su ámbito de actuación[148].

Pues bien, se observa con reproche, que el legislador, no mejoró la situación estatutaria al establecer que los registradores son funcionarios de «libre nombramiento y remoción» por parte del Consejo Nacional Electoral (artículo 35 de la Ley Orgánica de Registro Civil)[149]. Es el caso que no existe ninguna justificación para que no se cree la carrera del funcionario del Registro del Estado Civil y que los cargos sean dotados por concurso público de oposición, tal y como lo demanda en líneas generales la Constitución de la República

---

[148] Al respecto, FEBRES CORDERO, Eloy: *El Registro del Estado Civil comentarios y jurisprudencia*. ULA. Mérida, 1969, p. 7, indicaba: «los asientos de nacimientos, matrimonio y defunciones adolecen de irregularidades diversas, como lo hemos advertido, en la oportunidad de examinar los libros. La culpa recae fundamentalmente en los funcionarios encargados del Registro y en las autoridades que los designan».

[149] Problema generalizado y sobre el cual la doctrina ha sabido efectuar sus reproches, tal es el caso de YANES, Antonio Rafael: *El registro inmobiliario y el notariado en Venezuela*. Grafiunica. Caracas, 1975, p. 36, quien al referirse a la institución del notariado y registro inmobiliario señalaba: «Una buena organización (...) tiene que partir de la base expresa de estabilidad y autonomía de estos funcionarios, sin cuyo requisito no se puede obtener un buen servicio ni la preparación adecuada del personal al depender la plana mayor y subalterna del 'libre nombramiento y remoción del Ejecutivo Nacional', procedimiento de viejo arraigo que conduce indefectiblemente a un burocratismo incompetente y a un partidarismo político arrogante por la 'palanca' que lo sustenta».

Bolivariana de Venezuela (artículo 146). Lo cierto del asunto es que, en la práctica, los registradores serán sumisos a los intereses de los Rectores que componen el Consejo Nacional Electoral, ya que ellos pueden discrecionalmente decidir sobre su destitución, sin mediar un procedimiento que evidencie que el cambio obedece a faltas cometidas en el ejercicio de las atribuciones atinentes al Registro, lo cual evidentemente cercena la independencia e imparcialidad en el cumplimiento de las funciones que están encomendadas a los registradores en general, además de contrariar el espíritu de la Constitución que proscribe los despidos no justificados, calificándolos de nulos (artículo 93).

Otro elemento censurable lo representa los requisitos para ser registrador. Si bien la «lógica» ha determinado que los cargos de libre nombramiento y remoción son de alta investidura y compromiso con el que nombra o remueve, aquí se palpa una contradicción, ya que, según los requerimientos para el cargo, en la praxis cualquiera puede ser registrador de una oficina de Registro Civil, con tal que tenga más de 25 años de edad y, aunque la Ley señala que debe tener un título universitario, tal requisito se puede omitir si la persona en cuestión posee experiencia en «funciones inherentes» al Registro. Se es de la opinión que los retos que demandan las nuevas funciones que detenta el registrador exigían como mínimo la condición de profesional del Derecho[150], preferentemente con estudio de postgrado, ello en atención que le corresponde al funcionario desplegar actividades de calificación –*verbi gratia*: en materia de nombre propio–, de rectificación en vía administrativa de asientos que posean yerros materiales[151] o de sustanciación y decisión de trámites de cambio de nombre propio; actividades que antes fueron ejercidas por los jueces

---

[150] Condición académica que sí se exige para ser registrador en un Registro Público, Mercantil o para el cargo de notario (artículos 15 y 69 de la Ley de Registros y del Notariado). *Cfr.* BARBOZA PARRA, Ely Saúl: «Actitud crítica sobre el Registro Mercantil». En: *Anuario jurídico*. N° 2. Colegio de Abogados del estado Mérida. Mérida, 1993, p. 128, quien apunta: «Para ser Registrador o Supervisor de un Registro Mercantil se requiere tener profundos conocimientos jurídicos, dada la complejidad de la materia y la variedad y multiplicidad de nuevas y diferentes operaciones comerciales», igual situación se podría sostener del Registro del Estado Civil.

[151] *Vid.* VARELA CÁCERES: art. cit. («La rectificación de las actas…»), pp. 361 y ss.

y que ahora pueden ser desempeñadas por un sujeto que haya pasado tres años en un Registro Civil «sacando copias» y cuente con la venia de los rectores[152]. Al respecto, OBANDO SALAZAR es de la siguiente opinión:

> El Registro Civil como institución encaminada a ser asiento permanente de los hechos y cualidades más resaltantes de la persona y dada su complejidad funcional, acusa un carácter marcadamente técnico, lo cual hace pensar que este importante servicio para su mayor progreso y seguridad debería ser encomendado a individuos expertos y dedicados exclusivamente al desempeño de tal actividad[153].

En fin, parece que el legislador desestimó por completo las anteriores recomendaciones. No obstante, en el Derecho foráneo, concretamente en el ordenamiento

---

[152] En el caso de las unidades de Registro Civil, ubicadas en centros de salud o cementerios, incluso se disminuye lo que ya es bastante parco (artículo 38 *eiusdem*). Tal hecho obliga a concluir que el legislador en este aspecto desconoce la realidad venezolana, ya que justamente en la unidades hospitalaria –donde se inscriben nacimientos–, es donde mayores dificultades se presentan y las carencias o inconvenientes que surjan ameritarán a lo sumo la apertura de los respectivos procedimientos de rectificación administrativa o judicial según la gravedad y con ello una distorsión inadecuada de los asientos del Registro. No queda más que rememorar palabras de sabios maestros, que demuestran que lo denunciado no es mal de hoy o exclusivo de la patria, así señala Leopoldo ALAS: «Pasma pensar la facilidad con que unas Cortes pueden, sin más que querer, transformar, para bien o para mal, leyes que atañen a los más caros intereses de la familia y de la propiedad, y todo el Derecho Civil en suma: la facultad constitucional no les falta, y como el voto de los electores es cosa tan ajena a toda previsión de las consecuencias que puede traer al Derecho el resultado de los sufragios, puede encontrarse el país con unas Cámaras que (…) transforman su Derecho, tocan a lo más querido y sagrado; y al descuido, como quiera deroguen y subroguen leyes y aprueban otras, sin que en rigor sea esto obra más que de unos pocos señores…», «Prólogo» al libro de VON IHERING, Rudolf: *La lucha por el Derecho*. 3ª, Temis. Trad. A. POSADA. Bogotá, 2007, p. XXXV.

[153] OBANDO SALAZAR: ob. cit. (*El Registro del Estado…*), p. 36. *Cfr.* YANES: ob. cit. (*El registro inmobiliario…*), p. 14, «el oficial público debe lucir conocimientos en su especialidad y prendas morales que refuercen su autoridad, y ello porque si carece de los conocimientos necesarios el documento que autoriza pierde calidad, y si no lo respalda la probidad necesaria la institución baja de nivel y crea desajuste y descrédito en los lineamientos del Estado».

español, dichas funciones estaban encomendadas a los jueces o magistrados[154] y con la Reforma ocurrida con la Ley 20/2011 del Registro Civil (Disposición adicional segunda), el régimen jurídico de los encargados de la Oficina Central del Registro Civil y de las Oficinas Generales del Registro Civil, corresponderá a funcionarios de carrera que tengan la licenciatura en Derecho o la titulación universitaria que la sustituya y entre secretarios judiciales. Similar situación ocurre, por ejemplo, en Nicaragua donde se exige según su Código Civil artículo 501: «… En las ciudades cabeceras de Distrito, los Registradores del Estado Civil, deberán ser abogados, notarios o instruidos en Derecho»[155]. Esto último sería lo deseable para el modelo venezolano.

2.2.3.2. Secciones del Registro Civil en consulados y embajadas

Estas funciones se ejecutarán en las sedes que al efecto determine el ministerio con competencia en relaciones exteriores; desde el punto de vista geográfico las mismas se encuentran en el extranjeros y sus atribuciones se reducen a aquellos actos o hechos que son verificados en el país donde ejerce jurisdicción el consulado o embajada en cuestión (artículos 89, 102, 125, 134, 136 y 137 de la Ley Orgánica de Registro Civil, en concordancia con los artículos 8, 49, 52, 73, 78, 80 y 81 del Reglamento)[156].

Desde el enfoque administrativo y funcionarial se encuentran adscritos al ministerio, empero, sus funciones en materia registral deben acoplarse a los fines que determina el Consejo Nacional Electoral como ente rector del Sistema

---

[154] *Vid.* ARRIBAS ATIENZA, Patricio y CARCELLER FABREGAT, Fernando: *Curso práctico de Registro Civil*. Civitas. Madrid, 1999, pp. 34 y ss.

[155] *Vid. Manual del Registrador del Estado Civil de las personas (compendio de procedimientos, leyes y jurisprudencia)*. María del Rosario ACOSTA GUILLÉN, compiladora. CSE. Managua, 2007, p. 16.

[156] *Vid.* Código de Derecho Internacional Privado o Código de Bustamante, donde en su artículo 103 señala: «Las disposiciones relativas al Registro Civil son territoriales, salvo en lo que toca al que llevan los agentes consulares o funcionarios diplomáticos». Comenta LUCES GIL: ob. cit. *(Derecho Registral…)*, p. 51, «La razón de ser de estos registros es la necesidad de establecer una conexión entre los súbditos (…) residentes en el extranjero y el Registro Civil».

y a las supervisiones que al efecto determina la Ley para los órganos de gestión. Lo anterior justifica que el nombramiento de los funcionarios con dicha cualidad debe ser notificada a la Oficina Nacional de Registro Civil, así como todo cambio al respecto (artículo 43 de la Ley Orgánica de Registro Civil).

2.3. Archivos del Registro del Estado Civil

Como punto previo, debe destacarse que las funciones del Registro del Estado Civil son fundamentalmente instrumentales, es decir, sirven como medio para crear un acervo probatorio de los hechos y actos que afectan al estado civil de la personas. De allí que su objetivo son las formas; por otra parte, serán los códigos y leyes sustantivas las que se encarguen de disciplinar los límites, requisitos, caracteres y efectos jurídicos de las instituciones que se incorporan al Registro.

En palabras gráficas, la Ley Orgánica de Registro Civil no tiene como intención regular, por ejemplo, al matrimonio como institución familiar, sino únicamente las formalidades que deben cumplirse para la celebración del vínculo. Así pues, los requisitos de fondo, las características, los efectos y su disolución se encuentran perfectamente regulados en el Código Civil y demás instrumentos normativos pertinentes. Es el anterior enfoque, el que debe regir la hermenéutica de las normas contenidas en la Ley Orgánica de Registro Civil.

Es el caso que el modelo de la Ley Orgánica de Registro Civil descansa en la conformación de dos archivos, uno principal que es automatizado y digital, al cual se le incorporan los datos a través de medios informáticos; y otro, tipo espejo o reflejo, configurado por un respaldo con soporte físico, conformados con las actas generadas por el sistema automatizado y que son compiladas en libros para su manejo, disposición y resguardo.

Empero, el Consejo Nacional Electoral parece desconocer en los hechos y en el Derecho el anterior postulado, ello en razón que se ha enfocado desde la sanción de la Ley en regular un modelo «paralelo» que pone énfasis en los libros tradicionales y no en la automatización del Sistema. Muestras de ello son la

Resolución Nº 100623-0220 sobre «Normas para regular los libros, actas y sellos del registro civil»[157] y el Reglamento de la Ley, este último indica:

> Artículo 18.- Sistemas automatizados. Hasta tanto el Consejo Nacional Electoral implemente el Sistema Automatizado Único de Registro Civil, las oficinas y unidades de Registro Civil en los que funcionen sistemas automatizados para la elaboración de las actas, conformarán los libros por duplicado, con legajos de hasta 250 folios, mediante el empastado de las actas conforme a las directrices de la Comisión de Registro Civil y Electoral...

> Disposición Final Cuarta: Una vez implementado el sistema automatizado de Registro Civil, el Consejo Nacional Electoral dictará las normas que han de seguirse en todos los procedimientos que se realicen mediante el sistema automatizado.

2.3.1. *Estructura del archivo digital y automatizado*

Como se indicó, unos de los rasgos básicos del Registro del Estado Civil creado con la Ley es el de ser automatizado, ello en el sentido que se apoya en las nuevas tecnologías para cumplir de forma eficiente y ágil su función[158]. Lo descrito se expresa en términos concretos con la creación de un archivo digital y automatizado que contiene toda la información relevante para la institución, recolectada a través del ejercicio de las funciones que despliegan los órganos de gestión.

El mencionado archivo digital y automatizado, es la base para su homólogo: el archivo físico. Con el primero, se gana en facilitar el manejo de la información, ya que los soportes informáticos permiten como herramientas anexas el poder efectuar búsquedas de determinado contenido telemático dentro de la

---

[157] Resolución emitida por el Consejo Nacional Electoral, *Gaceta Oficial de la República Bolivariana de Venezuela* Nº 39461, del 08-07-10, actualmente derogada por el Reglamento de la Ley Orgánica de Registro Civil (Disposición Derogatoria Única).

[158] *Vid*. Ley de Infogobierno, *Gaceta Oficial de la República Bolivariana de Venezuela* Nº 40274, del 17-10-13.

base de datos del archivo de forma inmediata, así como ingresar filtros para obtener referencias depuradas o delimitadas. Igualmente, despersonaliza al Registro del Estado Civil en el sentido que se puede acceder al mismo desde cualquier lugar, según las condiciones de ingreso que se establezcan, facilitando su publicidad y accesibilidad (artículos 5 y 9 de la Ley Orgánica de Registro Civil)[159]. Por su parte, el archivo físico representa un mecanismo de precaución por cuanto funge como respaldo de la información y permitiría recuperarla sí el archivo digital sufriera algún ataque cibernético u otro daño.

Ahora bien, el archivo digital y automatizado está integrado por documentos digitales[160], los cuales son instrumentos que recogen las características de las actas en general, así como las que son propias a cada uno de los hechos o actos inscritos, su elaboración descansa sobre la responsabilidad de los órganos de

---

[159] *Vid.* Ley sobre Acceso e Intercambio Electrónico de Datos, Información y Documentos entre los Órganos y Entes del Estado, *Gaceta Oficial de la República Bolivariana de Venezuela* N° 39945, del 15-06-12, denominada en adelante «Ley de Interoperabilidad», donde se define a la interoperabilidad como la «Capacidad de los órganos y entes del Estado de intercambiar por medio electrónicos datos, información y documentos de acceso público» (artículo 4 N° 7; en concordancia con la Ley de Infogobierno artículo 5 N° 11).

[160] *Vid.* Ley de Infogobierno, que en su artículo 5 N° 6, establece: «Documento electrónico: Documento digitalizado que contiene un dato, diseños o información acerca de un hecho o acto, capaz de causar efectos jurídicos». *Cfr.* GORDILLO, Agustín: *Tratado de Derecho Administrativo (el acto administrativo).* Tomo III. Fundación de Derecho Administrativo-FUNEDA. Caracas, 2002, p. VII-15, al comentar la Ley N° 25506 o «Ley de firma digital» de Argentina, reseña el concepto de documento digital, que, según su artículo 6, viene a ser: «... la representación digital de actos o hechos, con independencia del soporte utilizado para su fijación, almacenamiento o archivo. Un documento digital también satisface el requerimiento de escritura». Por su parte, GARCÍA LAMAS, Gonzalo: «Valor probatorio de los documentos electrónicos en Chile y en especial de los emitidos por los órganos del Estado». En: *Revista Venezolana de Legislación y Jurisprudencia.* N° 4. Caracas, 2014, p. 194, quien comenta que la Ley N° 19799, del 12-04-02, chilena sobre «Documentos Electrónicos, Firma Electrónica y Servicios de Certificación de la misma», define al «documento electrónico» como «toda representación de un hecho, imagen o idea que sea creada, enviada, comunicada o recibida por medios electrónicos y almacenada de un modo idóneo para permitir su uso posterior».

gestión (artículo 49 *Lex cit.*) y de la reproducción de dichas actas digitales se crea un soporte para conformar el archivo físico.

Vinculado a lo anterior, está lo establecido en el artículo 70 de la Ley Orgánica de Registro Civil, que señala que el Consejo Nacional Electoral, por órgano de la Oficina Nacional de Registro Civil, se constituirá en «proveedor de servicios de certificación» y así sus archivos estarían respaldados por certificados electrónicos, elemento «que le atribuyen certeza y validez a la firma electrónica» (artículo 2 de la Ley de Mensajes de Datos y Firmas Electrónicas[161]). Entonces, según el artículo 71 de la Ley Orgánica de Registro Civil, las actas emitidas a través de firmas y certificados electrónicos, tendrán el mismo valor jurídico que las signadas con firma manuscrita, es decir, «tendrán la misma eficacia probatoria de los documentos públicos» (en concordancia con los artículos 4 y 6 de la Ley de Mensajes de Datos y Firmas Electrónicas)[162].

---

[161] *Gaceta Oficial de la República Bolivariana de Venezuela* N° 37148, del 28-02-01. *Vid.* MARTÍNEZ NADAL, Apol·lònia: *Comercio electrónico, firma digital y autoridades de certificación*. 3ª, Civitas. Madrid, 2001, pp. 41 y 42, quien apunta: «Una firma electrónica sería simplemente cualquier método o símbolo basado en medios electrónicos utilizado o adoptado por una parte con la intención actual de vincularse o autenticar un documento, cumpliendo todas o algunas de las funciones características de una firma manuscrita». Por su parte, dentro de las diversas modalidades de firmas electrónicas se incluye, como una especie mucho más robusta en su seguridad, las firmas digitales, las cuales «son tecnológicamente específicas, pues se crean usando un sistema de criptografía asimétrica o de clave pública». En todo caso, con el uso de estas herramientas se fomenta el otorgar seguridad y confianza al Registro del Estado Civil. En el caso de España, el Preámbulo de la Ley 20/2011 del Registro Civil señala: «La Ley concibe el Registro Civil como un registro electrónico, en el que se practican asientos informáticos, que organiza la publicidad y da fe de los hechos y actos del estado civil. Desde esta concepción se incorpora el uso de las nuevas tecnologías y de la firma electrónica». *Cfr.* LÓPEZ SÁNCHEZ, Cristina: «Los derechos de las personas en el nuevo Registro Civil». En: *Derecho Privado y Constitución*. N° 25. CEPC. Madrid, 2011, p. 264, «Se trata de un paso importante, un verdadero salto conceptual que implica la superación del Registro físicamente articulado en libros custodiados en oficinas distribuidas por toda España y obliga a replantear toda la estructura organizativa».

[162] La Ley de Infogobierno, promueve el uso de servicios de certificación y firma electrónica y le otorga a los documentos electrónicos que se emitan bajo esas herramientas de integridad y autenticidad «la misma validez jurídica y eficacia probatoria que los archivos

Aunque los aspectos técnicos propios del referido archivo digital no interesan para este estudio, sí conviene destacar que, según la Ley Orgánica de Registro Civil, los datos de las personas naturales se van a aglutinar en relación con cada sujeto, ello a través de lo que la Ley denomina: «expediente civil único»[163], el cual es definido por el propio texto como: «el instrumento donde, de forma sistemática, se compilará la totalidad de actos y hechos que se encuentren inscritos en el Registro Civil, de cada uno de los venezolanos o venezolanas, así como de extranjeros o extranjeras que residan en el país...» (artículo 54).

La función de dicho expediente digital personalizado es sistematizar toda la información correspondiente a un sujeto en particular y facilitar el acceso a los datos inscritos; en el mismo orden, permite aglutinar los acontecimientos relevantes para la determinación de la inclusión de cada sujeto en el registro electoral.

Como un ejercicio práctico si se visualizan los datos que deben integrar cada acta objeto de inscripción en el Registro del Estado Civil, en concreto las denominadas «características de las actas en general» o indicaciones comunes a todos los asientos, establecidas en el artículo 81 de la Ley Orgánica de Registro Civil, se consigue apreciar que todos los datos que componen cualquier acta del estado civil pueden ser perfectamente incorporadas en un formato digital. Lo usual en esta materia sería que las actas se formaran de la siguiente manera: i. Los registradores a través del respectivo sistema informático incorporarán la información estándar (N° 2), ii. automáticamente se le asignarán los datos de variación periódica (N°s 1 y 3), iii. se incluirá la información que es propia del acto en específico (N°s 4, 5, 6, 7, 8 y 11) y iv. se digitalizarán determinados datos requeridos (N°s 9 y 10)[164]. En conclusión, es

---

y documentos que consten en físico» (artículos 24 y 26). En el mismo sentido, se expresa la Ley de Interoperabilidad, cuando exige el uso de la «certificación electrónica» y de la «firma electrónica» para la interoperabilidad, reiterando que «Los datos, información o documentos intercambiados por medios electrónicos entre los órganos y entes del Estado, se tendrán como válidos y surtirán todos sus efectos legales» (artículos 44, 50 y 55). *Vid.* Ley de Registros y del Notariado, artículo 25.

[163] La Ley 20/2011 de España habla de un «registro individual» (artículo 5).
[164] *Exempli gratia* en materia de digitalización de huellas dactilares pueden usarse mecanismos similares a los ya empleados en materia electoral –máquinas captahuellas

perfectamente posible y sencillo digitalizar todos los datos que se exigen para la conformación de un asiento electrónico en el Registro del Estado Civil.

2.3.2. Estructura del archivo físico o libros

Por su parte, este archivo es muy similar al que regulaba el Código Civil, aunque con importantes variantes. Lo primero a subrayar es que el archivo físico es un soporte del archivo digital y automatizado, por tanto, es un instrumento «secundario», es decir, del documento digital se efectúan reproducciones en papel que pasan a integrar el soporte físico, el cual, posteriormente cuando se reúna determinado número de actas, se procederá a empastar para así formar un libro con el referido legajo[165].

Sobre este aspecto, es importante mencionar que el Consejo Nacional Electoral, en un principio a través de la Resolución N° 100623-0220 sobre «Normas para regular los libros, actas y sellos del Registro Civil» –actualmente derogada–, y posteriormente con el Reglamento de la Ley Orgánica de Registro Civil, regula un modelo distinto al que surge de la Ley, originándose un claro despropósito. Lo dicho, en el sentido que involuciona al paradigma de los libros «Empastados tipo artístico-artesanal, es decir, cosido y encolados…» donde se harán los asientos de forma manuscrita, retrocediendo a la época del Código Civil de 1873, cuando lo correcto hubiera sido desarrollar el archivo automatizado y digital –tal y como lo exige la Disposición Transitoria Segunda de la Ley–, donde los libros son únicamente un respaldo del archivo electrónico.

---

o biométricas– y en relación con las firmas electrónicas, para los funcionarios del registro –órganos de gestión–, se puede cumplir tal requisito a través de certificados electrónicos; en el caso de las partes, declarantes o testigos se puede acudirse a la tecnología usada hoy en día para incorporar la firma a los documentos de identidad o también puede recurrirse a una tecnología más avanzada, como son las firmas digitales o certificados electrónicos.

[165] Similar a lo que comentaba BAQUEIRO ROJAS, Edgard: *Diccionario jurídico HARLA. Derecho Civil*. Vol. I. HARLA. México D. F., 1995, p. 94, «Por reforma del Código Civil se suprimió el sistema de libros en que las actas eran manuscritas y se llevaban por duplicado, al pasar al sistema de formas impresas en las que solamente se llenan los datos de cada actuación. Al fin de cada año las formas deben ser encuadernadas».

Tal circunstancia obliga a sostener que muchas de sus disposiciones contradicen principios cardinales del Sistema instituidos con la Ley Orgánica de Registro Civil, como serían la eficacia administrativa, el principio *in dubio pro homine*, entre otros. Es claro que la reforma del Registro del Estado Civil de manuscrito a un modelo automatizado y digital requiere de tiempo[166] y esfuerzos, pero si el Consejo Nacional Electoral no podía adecuar el Sistema en los lapsos que fija la Ley, debió ser diligente y solicitar una prórroga y no de forma improvisada e irresponsable permitir que entrara en vigencia la Ley para posteriormente por medio de resoluciones, reglamentos y otros actos administrativos violarla de forma flagrante, ocasionando un clima de inseguridad jurídica y de incertidumbre que choca con los más elementales principios que deben reinar en todo prototipo de Registro del Estado Civil[167]. Lo

---

[166] Así, por ejemplo, en España la automatización comienza con la Ley Orgánica 7/1992 del 20 de noviembre, que añade al artículo 6 de la Ley de Registro Civil la siguiente coletilla: «... Las inscripciones registrales podrán ser objeto de tratamiento automatizado», vid. DELGADO PÉREZ, Luis Ángel *et alter* (revisión): *Código Civil y legislación especial*. 2ª, Editorial Colex. Madrid, 2003.

[167] Según comenta LÓPEZ SÁNCHEZ: ob. cit. («Los derechos de las personas...»), p. 265, la *vacatio* de la Ley 20/2011 de España se justifica «por suponer un cambio de gran entidad y ser por ello necesario un acomodo temporal que permita poner en marcha de forma progresiva toda la reforma, evitando así disfunciones en el tratamiento registral y en la implementación de la nueva estructura organizativa». De hecho la misma se prorrogó en varias oportunidades como consecuencia de la crisis económica que atravesó el país ibérico y el impacto financiero que representa la desjudialización de la actividad registral que pasaría a ser desempeñada por funcionarios seleccionados por concurso, lo que generará un gasto burocrático importante, empero la referida Ley entró completamente en vigencia el 30 de junio de 2017. Apunta SANCIÑENA ASURMENDI, Camino: «Las recientes reformas legales en el sistema matrimonial español». En: *Ius Canonicum*. Vol. 56, Nº 112. Universidad de Navarra. Pamplona, 2016, p. 664, «La Ley 20/2011, de 21 de julio, del Registro Civil (*BOE* de 22 de julio) tenía prevista su entrada en vigor a los tres años de su publicación. La Disposición Adicional decimonovena del Real Decreto-Ley Nº 8/2014, de 4 de julio, de Medidas urgentes para el crecimiento, la competitividad y la eficiencia, prorrogó la entrada en vigor hasta el 15 de julio de 2015. La Ley 19/2015, de 13 de julio, de medidas de reforma administrativa en el ámbito de la Administración de Justicia y del Registro Civil, publicada en el *BOE* de 14 de julio y con entrada en vigor al día siguiente, prorrogó la *vacatio legis* de la Ley del Registro Civil hasta el 30 de junio de 2017. Asimismo, la Ley 15/2015, de 2 de julio, de Jurisdicción Voluntaria ha confirmado la *vacatio legis* hasta el 30 de junio de 2017».

indicado exige como reparación la pronta puesta en práctica del modelo digital y automatizado para que así se apliquen los postulados que al respecto establece la Ley, no solamente como estructura del sistema, sino como verdaderos derechos de los ciudadanos.

2.4. Hechos y actos objeto de Registro del Estado Civil

Uno de los aspectos novedosos que resultan de la Ley Orgánica de Registro Civil es lo referido a los hechos y actos que son inscritos en el Registro, para lo cual dos ideas se deben recordar: primero, el Sistema gira alrededor del concepto de estado civil, ello representa la recopilación de todos aquellos datos que intervienen en la precisión del estado de las personas, es decir, el conjunto de circunstancias relevantes que identifican al sujeto en sus relaciones y del cual derivan efectos jurídicos; en palabras más explícitas, serían los actos y hechos que determinan la nacionalidad, la relación de pareja y el ser hábil en Derecho; segundo, si bien el Registro tiene una marcada finalidad civil, como lo hace deducir su denominación, aspira además a cumplir una función accesoria, como lo es recopilar los datos que permiten conformar el Registro Electoral, con las importantes consecuencias que de ello se deducen. De allí que se incorporen reseñas que son de interés para conformar un padrón electoral, tales como la residencia o las inhabilitaciones para el ejercicio de la función pública (artículos 139 y 152 de la Ley Orgánica de Registro Civil).

Entonces, se puede concluir que nuestro sistema de Registro no se moldea exclusivamente alrededor de los tres sucesos tradicionales que postulaba el Código Civil: nacimiento, matrimonio y defunción; sino que al mismo tiempo se añaden otras circunstancias apreciables, como la nacionalidad, la residencia, la filiación o el establecimiento de una unión estable de hecho. Concretamente, revela la Ley en su artículo 3, cuáles son las instituciones jurídicas que deben integrar el Registro del Estado Civil:

> 1. El nacimiento. 2. La constitución y disolución del vínculo matrimonial. 3. El reconocimiento, constitución y disolución de las uniones estables de hecho. 4. La separación de cuerpos. 5. La filiación. 6. La adopción.

7. La interdicción e inhabilitación. 8. La designación de tutores, curadores y consejos de tutela. 9. Los actos relativos a la adquisición, opción, renuncia, pérdida y recuperación de la nacionalidad venezolana y nulidad de la naturalización. 10. El estado civil de las personas de los pueblos y comunidades indígenas, nombres y apellidos, lugar de nacimiento, lugar donde reside, según sus costumbres y tradiciones ancestrales. 11. La defunción, presunción y la declaración de ausencia, y la presunción de muerte. 12. La residencia. 13. Las rectificaciones e inserciones de actas del estado civil. 14. La condición de migrante temporal y permanente, pérdida y revocación de la misma. 15. Los demás actos y hechos jurídicos, relativos al estado civil de las personas previstos en las demás leyes, reglamentos y resoluciones dictadas por el Consejo Nacional Electoral.

Como se deduce de la lectura de la anterior disposición, existen diversos hechos y actos que son susceptibles de ser inscritos en el Registro, siendo que además la indicación es meramente enunciativa, aunque con una marcada finalidad didáctica[168].

---

[168] Si bien el Código Civil estructuraba sus normas alrededor de los tres acontecimientos cardinales, como lo son: el nacimiento, el matrimonio y la defunción, ello no restaba valor a otros hechos y actos que igualmente el Código obligaba a su registro a través de disposiciones dispersas que aún mantienen su vigencia, de allí que se observa que con la regla antes reproducida se persiguen fines pedagógicos al organizar los principales hechos y actos a inscribir. MARÍN ECHEVERRÍA: ob. cit. (*Derecho Civil I personas*), p. 97, deduce: «Las disposiciones contenidas en los artículos 445, 472, 475 y 502 del Código Civil nos indican cuáles son los actos que deben inscribirse en el Registro del Estado Civil y que, enumerados en el mismo orden, son los siguientes: los nacimientos, los reconocimientos y las adopciones; los matrimonios y las sentencias que declaren su existencia, la nulidad o disolución; las defunciones, las sentencias de rectificación de cualquiera de las partidas de nacimiento, matrimonio y de defunción». También se debe destacar como antecedentes mediato de la norma bajo foco, el artículo 63 de la Ley de Registro Público y del Notariado (*Gaceta Oficial de la República Bolivariana de Venezuela* N° 37333, del 27-11-01), el artículo 67 de la Ley de Registro Público y del Notariado (*Gaceta Oficial de la República Bolivariana de Venezuela* N° 5833 extraordinario, del 22-12-06), siendo necesario recordar que esta última regla fue expresamente derogada por la Ley Orgánica de Registro Civil. Por su parte, el artículo 66 que regula los actos objeto de inscripción en el Registro Principal posee otro contenido en la actual Ley de Registros y del Notariado de 2014.

Ahora bien, se reitera, que la enumeración anterior no implica que la Ley Orgánica de Registro Civil le dedique un estudio especializado a cada institución, ya que en muchos casos la inscripción del suceso es un efecto colateral del instituto, relegando su regulación a las leyes sustantiva, *verbi gratia*: en el Código Civil se norma todo lo referente a la tutela, la disolución del vínculo matrimonial, la interdicción e inhabilitación y la ausencia; por su parte, la adopción se encuentra reglada en la Ley Orgánica para la Protección de Niños, Niñas y Adolescentes. Por lo dicho, la Ley Orgánica de Registro Civil únicamente disciplina las formas mediante las cuales se asientan los anteriores actos en el Registro. Entonces, no corresponde aquí para los fines propuestos examinar con detalle cada figura jurídica que tiene acceso al Registro del Estado Civil[169].

2.5. Caracteres del Registro del Estado Civil

Como se indicó *supra*, al lado de los principios existen otras figuras que tienen como función facilitar el entendimiento del fenómeno jurídico, mas no se expresan a través de una norma jurídica, sino que son fórmulas que los juristas observan de determinada institución y destacan con la intención de establecer diferencias entre una figura y otras. En el Registro del Estado Civil, se advierte igual manifestación, y en tal orden la doctrina ha identificado en dicha institución determinados caracteres, cualidades o condiciones que lo delimitan y al mismo tiempo lo diferencian de otros institutos o modelos.

En efecto, si se analiza el Registro del Estado Civil, regulado en el Código Civil, se visualizaría cristalinamente unos caracteres que lo diferenciaría de cualquier otra actividad de recolección de datos[170], también las mismas podrían fijar una división nítida entre el modelo venezolano y otro foráneo, o como

---

También, puede apreciarse un antecedente en el artículo 1 de la Ley de Registro Civil de 1957 de España; el cual se reproduce con variantes en el artículo 4 de la Ley 20/2011, citada *supra*.

[169] *Vid*. Domínguez Guillén: ob. cit., (*Manual de Derecho Civil I...*), pp. 249-260, breve referencia a las actas del estado civil –y, por ende, a los hechos y actos registrables–.

[170] *Cfr*. Aguilar Gorrondona: ob. cit. (*Derecho Civil...*), pp. 103 y 104, habla de «completo, centralizado y público» como condiciones ideales, siendo que el Registro del

en este aparte se quiere resaltar, una distancia entre el diseño establecido en el Código y el arquetipo bosquejado por la Ley Orgánica de Registro Civil.

2.5.1. *Sistematizado*

Uno de los aspectos más importantes incorporados en la Ley Orgánica de Registro Civil, es el de postular una estructura del Registro visualizada en dos niveles: en un primer enfoque a través de la organización de los órganos y entes que participan dentro de la actividad y, por otro, refiriéndose a los hechos y actos que se inscriben. En este apartado se hará referencia a la organización del catastro en cuanto a sus órganos y, en el siguiente epígrafe, a la organización de los actos registrables de forma «centralizada».

Ciertamente, el Registro del Estado Civil se encuentra actualmente estructurado en un organigrama que bosqueja las diversas atribuciones de cada uno de los sujetos de la Administración Pública que participan en su formación y su supervisión. Así pues, se diseñó un complejo mapa de entes que desempeñan funciones atinentes al Registro, comenzando con el Consejo Nacional Electoral que ejecuta las diligencias de rectoría, añadiéndose los demás órganos subordinados –comisión, oficinas, unidades, etcétera– que participan activamente en el proceso de recolección de los datos registrables, igualmente interactúan entes que integran otros Poderes Públicos –ministerios y tribunales–, que asisten en acciones de cooperación.

Sin entrar en detalle sobre cada uno de los sujetos que participan en la adecuada recopilación de los datos que integran el Registro del Estado Civil, que ya fueron comentados *supra*, salta a la vista la existencia de un Sistema complejo, que supera con creces el modelo del Código Civil el cual descansaba en personeros que no tenían ningún mecanismo de acoplamiento.

En palabras más precisas, anteriormente las funciones principales del Registro descansaban en entes estatales o municipales que no contaban con ningún

---

Estado Civil establecido en el Código Civil –a juicio del autor citado– es incompleto, disperso y público.

enlace orgánico, lo que ocasionaba una desarticulación operativa grave, *exempli gratia*, un prefecto o jefe civil del estado Mérida[171], podía actuar de una forma totalmente distinta a su homólogo de Caracas; ello por la única razón que no concurrían instrumentos de coordinación, y más allá del hecho cierto que la Ley regulaba un procedimiento idéntico, en la praxis cada quien era un verdadero autócrata[172]. En fin, la diversidad de interpretaciones, aunado a las limitaciones profesionales de los encargados del Registro, introducían distorsiones nada afables, que un modelo fundado en la dispersión no permitía solventar adecuadamente[173].

Lo expuesto queda corregido con la Ley Orgánica de Registro Civil –al menos en teoría–, dado que entre sus objetivos postula: «Crear un Sistema Nacional de Registro Civil automatizado» (artículos 2 N° 3, 16 y ss. de la

---

[171] DUQUE SÁNCHEZ, José Román: *Comentarios jurídicos*. Academia de Ciencias Políticas y Sociales. Caracas, 1982, p. 183, recopila una muestra simbólica de partidas levantadas en la provincia que son un claro ejemplo de lo que no debe hacerse, se transcribe una de ellas para fines ilustrativos: «7 de junio de 1874: Hoy me ha presentado J. R. un niño recién nacido y expuso: el niño que tengo el honor de presentaros señor Jefe Civil, es hijo legítimo de mi esposa J. D. y yo; el niño tiene por nombre Pedro, por haber nacido el día de San Pedro, por lo que tengo sospecha me salga correlón y juilón, pues nació a la hora de las carreras…».

[172] Define Mario STOPPINO, que «Una autocracia es siempre un gobierno absoluto», «la autocracia comporta que el jefe de gobierno sea de hecho independiente, no solo de los súbditos, sino también de otros gobernantes», citado en CABALLERO, Manuel: *Revolución, reacción y falsificación*. 2ª, Editorial Alfa. Caracas, 2007, p. 42.

[173] OBANDO SALAZAR: ob. cit. (*El Registro del Estado…*), pp. 34, 36 y 37, sostiene sobre el modelo del Código Civil que «desde la creación del Registro Civil, ha prevalecido el sistema de la dispersión de oficinas», situación que, a su vez, se agrava al no estar atribuida la competencia a funcionarios especializados, «trayendo como lamentable saldo, al lado de la deficiencia de nuestro ordenamiento del Registro Civil, un pésimo funcionamiento de la institución», por tanto advierte: «En el plano teórico, lo deseable sería que la actividad registral estuviese adscrita a organismo dedicado preferentemente a este servicio, lo que en definitiva originaría o daría lugar a la presencia de un personal experto y técnico, conforme con el carácter de la institución». Cfr. TRUJILLO GUERRA: art. cit. («Reseña de legislación…»), p. 105, quien comenta que el «Sistema de Registro Civil que tradicionalmente se llevaba en Venezuela, caracterizado por su casi nula centralización –por cuanto era principalmente dependiente de las municipalidades–, su ineficacia, poca uniformidad y evidente atraso respecto a regímenes y técnicas más modernas de registro».

Ley, en conexión con los artículos 10 y ss. del Reglamento). Así, en breve esbozo, el Sistema Nacional pretende articular los distintos órganos del Estado en la ejecución de las actividades atinentes al Registro Civil y con ello conformar un archivo confiable y completo sobre los principales hechos y actos relevantes al estado civil, así como también sobre determinadas circunstancias que afectan el padrón electoral. Para tal propósito, centraliza el mayor número de actos a inscribir en entes subordinados al órgano rector y establece la participación de otros sujetos públicos como coadyuvantes, principalmente suministrando información complementaria. A su vez, crea enérgicos mecanismos de seguimiento y control de la actividad registral, lo cual permite garantizar la uniformidad en los asientos, así como la hermenéutica de las normas que regulan el Sistema.

Entonces, el carácter sistemático del Registro del Estado Civil busca consolidar un fin superior, que viene representado por la prueba de determinados elementos que integran el estado civil y, en consecuencia, permite ejercer los derechos subjetivos que de ellos se deducen. A través del mismo se persigue crear un clima de armonía entre los diferentes entes que participan en estas funciones y desarrollar dos principios como son el de legalidad y el de colaboración entre los órganos de los Poderes Públicos (artículos 136 y 137 de la Constitución de la República Bolivariana de Venezuela). En fin, con la nueva organización de los sujetos actuantes del Registro del Estado Civil, se persigue una uniformidad de criterios que garantice la coordinación de esfuerzos, con énfasis en los derechos del individuo, evitando el cabalgamiento de competencias[174].

2.5.2. *Centralizado*

En relación con la recopilación de la información que componen el Registro, se ha operado bajo la idea de «unidad»[175] o «centralización», elemento que gira

---

[174] Por ello, CRETELLA JUNIOR: art. cit. («Los principios fundamentales...»), p. 452, comenta que la Administración representa «una vasta red constituida de redes entrelazadas dirigiendo el conjunto para determinado fin, que debe traducirse, en último análisis, en interés público».
[175] En España, se ha discutido sobre la «unidad del Registro Civil», pero desde otro enfoque, concretamente, en relación con la distribución de las competencias jerárquicas

entorno a la persona, es decir, todos los hechos o actos referidos a un sujeto en particular, son atados al mismo de forma tal que se mantenga una armonía interna con su incorporación (artículo 10 de la Ley Orgánica de Registro Civil)[176].

Un ejemplo puede iluminar el escenario planteado: con la inscripción del nacimiento u otro acto de inicio (artículo 55 *eiusdem*), se forma un «expediente civil» que va a reunir o compilar todos los datos posteriormente asentados referidos a dicho sujeto: matrimonio, residencia, defunción, entre otros. Lo descrito, obviamente cumple funciones que son más que evidentes, *verbi gratia*: facilitar la «posibilidad de un conocimiento real y efectivo» del estado civil del sujeto, ya que al estar los asientos interconectados y centralizados, se abre la puerta para su sencilla ubicación y, en definitiva, para el cumplimiento del «Principio de eficacia administrativa» (artículo 7 *Lex cit.*).

Indudablemente, lo narrado es un cambio sustancial en relación con el modelo de registro regulado en el Código, el cual fue reiteradamente criticado por la doctrina, señalando que ostentaba como falla, que lo hacía inviable, el de ser segmentado o disperso[177], entonces, por medio del carácter en comentario –ampliamente desarrollado en el texto de la Ley por los artículos 54 y ss.– y sumado a la cualidad de registro automatizado, se persigue responder al añejo reproche y superar dichos obstáculos que afectaba la prestación del servicio.

---

del Poder Público, sosteniéndose que lo referente a la legislación civil y registro está reservado al Estado y las actividades materiales de ejecución están delegadas a las regiones autonómicas. *Cfr.* Marín López: art. cit. («La ordenación de los registros…»), pp. 112 y ss. En Venezuela, no se ha planteado este tema por ser tradicionalmente un Estado centralista; en todo caso, véase el artículo 156 N° 32 de la Constitución.

[176] Comenta López Sánchez: ob. cit. («Los derechos de las personas…»), p. 291, que con el modelo español se pretende «que el registro individual de cada persona sea el soporte en el que se inscribirán o anotarán, continuada, sucesiva y cronológicamente, todos los hechos y actos que atañen al estado civil».

[177] *Cfr.* ob. cit. (*Código Civil de Venezuela artículos 445 al 463*), pp. 68 y ss. Obando Salazar: ob. cit. (*El Registro del Estado Civil*), p. 35, habla de dos modelos: «En el sistema del folio real, los hechos del estado civil pertenecientes a una sola persona se dispersan en distintos folios y libros, tantos como la ley ordena llevar, quedando registrados en diversas oficinas y en el lugar en que los mismos acontecieron», modelo

Esta cualidad está muy relacionada con el principio general de la dignidad humana, ya que persigue que el centro de atención sea el individuo[178], y por ello todos estos datos sí van a tener una utilidad es para hacer más fácil el disfrute y goce de los derechos subjetivos que el Registro del Estado Civil permite probar con mayor facilidad. En otros términos, las personas no están al servicio del Registro, él está al servicio del ciudadano y se crea para facilitar el ejercicio de derechos fundamentales, tales como identidad e identificación (artículo 2 N° 1), así como coadyuvar en el disfrute de derechos familiares, nacionalidad, protección a la infancia, protección de los datos personales, honor, intimidad, vida privada, políticos, entre otros.

2.5.3. Automatizado

La incorporación de la tecnología en la actuación de la Administración Pública es un hecho que no admite refutación; cada día es más palpable la necesidad de auxiliarse con medios telemáticos para dar respuesta «adecuada y oportuna» a los requerimientos de los administrados, de allí que incluso se hable del «Gobierno en línea»[179], lo cual además se encuentra en perfecta concordancia con lo dispuesto en los artículos 6 N° 1; 9 y 11 de la Ley Orgánica de la Administración Pública, así como en lo establecido en el artículo 13 de la Ley Orgánica de Registro Civil.

---

representado por el Código Civil. Por su parte, la Ley Orgánica de Registro Civil sigue el «sistema de folio personal», que, según el autor citado, consiste en que «todos los acontecimientos que repercuten en el estado de una persona deben condensarse en torno de la partida de nacimiento, reservándose en la misma espacio suficiente para concentrar el historial completo de su estado civil». Ahora, facilitando el proceso de aglutinamiento de información el arquetipo de archivo automatizado y digital.

[178] Como recuerda LÓPEZ SÁNCHEZ: ob. cit. («Los derechos de las personas...»), p. 265, «la persona constituye la columna vertebral del Registro Civil».

[179] Un ejemplo de la referida tendencia puede observarse en la Ley Orgánica del Tribunal Supremo de Justicia. Léase con provecho el trabajo de BELANDRIA GARCÍA, José Rafael: «Las tecnologías de la información y la comunicación en la Ley Orgánica del Tribunal Supremo de Justicia». En: *Revista de la Facultad de Ciencias Jurídicas y Políticas*. N° 136. UCV. Caracas, 2012, p. 92, concretamente comenta: «La aplicación de las tecnologías en referencia al sector público es lo que ha dado origen a la llamada Administración Pública electrónica o simplemente *e*-Administración».

Bajo el anterior prisma, la Ley Orgánica de Registro Civil desenvuelve como elemento cardinal de la actividad de Registro del Estado Civil la automatización de los asientos[180], lo cual se logra necesariamente a través de la incorporación de medios o herramientas tecnológicas. Específicamente, el legislador, después de indicar la creación de un Sistema Nacional automatizado, expresa en su artículo 46 de la Ley, que: «El Registro Civil acoge el sistema de archivo mixto, el cual comprenderá uno digital y automatizado, y otro físico...», en el caso del denominado «archivo digital y automatizado» se almacenarán todas las inscripciones que se realicen en el Registro del Estado Civil, añadiendo: «Los asientos contenidos en este archivo tendrán la eficacia probatoria que la ley otorga a los documentos públicos» (artículo 47 *eiusdem*)[181].

De lo expuesto hasta hora conviene puntualizar que, si bien el Sistema es preferentemente automatizado e interconectado, ello no obsta que, a su vez, se componga de un soporte físico, representado por los tradicionales libros

---

[180] Como destaca el propio CNE: «La automatización del Registro supone un proceso de digitalización de todo el archivo de Registro Civil de las personas almacenado y el desarrollo de un sistema automatizado único, que interconecte todas las dependencias del Registro Civil», con ello se ganaría, en el sentido que «Las personas podrán realizar los trámites de Registro ante cualquier unidad de Registro Civil, ubicada en el lugar de su preferencia a través de este sistema, y solicitar las actas que así requieran, sin los inconvenientes que se generaban por la rigidez del anterior sistema de Registro Civil, en tiempo y espacio, y en armonía con los adelantos y las tendencias más recientes en materia de Gobierno Electrónico», *El Registro Civil en Venezuela*. CNE. Caracas, 2011, pp. 108 y 109. *Vid.* Ley de Registros y del Notariado: «Artículo 2.- (...) Para el cumplimiento de las funciones registrales y notariales de las formalidades y solemnidades de los actos o negocios jurídicos, se aplicarán los mecanismos y la utilización de los medios electrónicos consagrados en la ley» y «Artículo 24.- (...) El proceso registral y notarial podrá ser llevado a cabo íntegramente a partir de un documento electrónico».

[181] Lo indicado se encuentra en sintonía con lo dispuesto por la Ley Orgánica de la Administración Pública para los órganos de archivo interno de cualquier ente de la Administración: «Artículo 151.- Incorporación de nuevas tecnologías. Los órganos y entes de la Administración Pública podrán incorporar tecnologías y emplear cualquier medio electrónico, informático, óptico o telemático para el cumplimiento de sus fines. Los documentos reproducidos por los citados medios gozarán de la misma validez y eficacia del documento original, siempre que se cumplan los requisitos exigidos por ley y se garantice la autenticidad, integridad e inalterabilidad de la información».

–aunque claro está con variables como el de ser de hojas sueltas–, lo dicho se traduce en un archivo híbrido, pero preponderantemente digital. Queda en evidencia la actualización del modelo registral a los tiempos modernos, así como la duda sobre bajo qué criterios o pautas se procederá a digitalizar toda la información referida al Registro del Estado Civil[182].

2.5.4. Completo

Aunque la denominación de la Ley especial que regula esta materia se decanta por la de «Registro Civil», siguiendo la nomenclatura constitucional (artículos 292 y 293 N° 7), es claro que el registro gira fundamentalmente alrededor de todos los hechos y actos que son relevantes para el estado civil de las personas[183], aunque también puede desarrollar otras funciones accesorias.

---

[182] *Vid.* los artículos 51, 52, 63, 64 al 72, 74, 78, 82 de la Ley Orgánica de Registro Civil donde se desarrolla el principio en *comento* y en especial la Disposición Transitoria Sexta. En todo caso, vale comentar que, según la información del Consejo Nacional Electoral, suministrada en su página *web* en el 2013, se preparó un «Proyecto de digitalización de las actas del Registro Civil», el cual busca digitalizar las actas de nacimiento, defunción, matrimonios y uniones de estable de hecho ocurridas en el país desde 1990 hasta la actualidad, http://www.cne.gob.ve/registrocivil/index.php/detalle_noticia?id=3108.

[183] De allí que PUIG PEÑA, Federico: *Compendio de Derecho Civil español (parte general)*. Tomo I. 3ª, Ediciones Pirámide. Madrid, 1976, p. 381, defina al Registro Civil como «aquella institución cuya finalidad sustancial consiste, aparte de otros cometidos menos transcendentes, en hacer constar de modo auténtico los hechos relativos al estado civil de las personas». Concepto este último que es bastante dúctil; así lo corrobora DÍAZ FRAILE al señalar «el estado civil, es un concepto abierto y dinámico», añadiendo: «Hay que pensar que el elenco de hechos relativos al estado civil inscribibles es muy amplio y afectado por una normativa muy compleja que va desde el Derecho de Familia, con fuentes de producción normativa estatal, autonómica e internacional a través de convenios y tratados internacionales, hasta el denominado Derecho Registral Internacional, en el que convergen con frecuencia conflictos móviles, intertemporales e interterritoriales, con una importantísima presencia durante los últimos años de elementos personales de extranjería como consecuencia del creciente fenómeno de la inmigración», DÍAZ FRAILE, Juan María: «Nota introductoria». En: *Boletín de Información (Informatización de los Registros Civiles INFOREG 2.0)*. Ministerio de Justicia. Madrid, 2005, p. 10. En todo caso, con este principio se supera una crítica reiterada de la doctrina al vetusto sistema, así OCHOA GÓMEZ, Oscar E.: *Derecho Civil I:*

Así pues, el registro es completo y primordialmente sobre los hechos y actos que afectan el estado civil, añadiéndose tangencialmente otros datos que se requieren para formar el catastro electoral, igualmente la recopilación de información es útil para elaborar estadísticas públicas[184]. De lo enunciado se deduce que la mayor parte de las circunstancias inscritas tocan al *status civile* del ciudadano y en menor medida situaciones que tienen relevancia con el padrón electoral y más concretamente con los derechos políticos de las personas. Sobre el particular Hung Vaillant destaca:

> Se dice que un sistema de Registro del Estado Civil es completo cuando el mismo comprende la totalidad de los actos y hechos referentes a las personas, que puedan tener relevancia en relación con sus estados civiles. En otras palabras, para poder ser calificado como completo el Registro no puede limitarse a inscribir solamente los nacimientos, los matrimonios y las defunciones, sino comprende además, todos aquellos actos o hechos que determinan y modifican los estados civiles de las personas; tales como las adopciones y, en general, los cambios en la filiación, las incapacidades, los cambios de nacionalidad, la organización de tutelas y

---

personas. UCAB. Caracas, 2006, p. 420, citando a Planiol comenta que el Registro Civil: «Deberían contener la constatación de todos los hechos y actos que ellos crean o modifiquen el estado de las personas. Es de necesidad que ellos se presenten como una lista completa»; cuando ello no ocurre se origina «la insuficiencia de organización».

[184] Por lo indicado, la presidenta de la Comisión de Registro Civil y Electoral sostiene que el modelo de registro contenido en la Ley Orgánica de Registro Civil «se convertirá en herramienta que servirá al Estado en función del diseño de políticas públicas en materia de salud, educación, seguridad social e identificación, a través de datos demográficos que de este es posible abstraer», ob. cit. (*El Registro Civil en Venezuela*), p. 10. Marín Echeverría: ob. cit. (*Derecho Civil I personas*), p. 98, indica al respecto: «tener conocimiento ordenado y sistemático de todos y cada uno de los actos que se hacen constar en el Registro del Estado Civil» permite que «con ese conocimiento se le facilitará el cumplimiento de otros deberes: de salud, de educación, de seguridad, etc. Por lo que la finalidad alcanza también el ámbito de la estadística». En efecto, indican Arribas Atienza y Carceller Fabregat: ob. cit. (*Curso práctico…*), pp. 19 y 20, «el objeto del Registro Civil consiste en la inscripción de los hechos que afectan al estado civil, pero este objeto general es ampliado (…) a aquellos otros hechos que determina la ley».

curatelas, y otros que pudieren ser relevantes a los efectos de una perfecta identificación de los individuos[185].

Tener claro la presente cualidad es fundamental para precisar qué hechos deben ser inscritos, más allá de la enumeración que efectúa el artículo 3 de la Ley Orgánica de Registro Civil, ya que, como se desprende de su lectura, la norma únicamente expone un catálogo enunciativo, pero para nada rígido o cerrado[186]. Efectivamente, el numeral 15 del artículo 3 citado, señala que deben inscribirse en el Registro del Estado Civil: «Los demás actos y hechos jurídicos, relativos al estado civil de las personas previstos en las demás leyes, reglamentos y resoluciones dictadas por el Consejo Nacional Electoral». Luego, puede concluirse que para registrar supuestos no indicados expresamente en el cuerpo de la disposición examinada se exigirá como mínimo llenar los siguientes requisitos: i. Que sea un hecho o acto que de manera diáfana concierne al estado civil[187], ii. que surja de una necesidad de mantener la unidad con los demás datos registrados de la persona y iii. que su archivo se deduzca de determinado instrumento normativo, en atención al principio de legalidad[188].

---

[185] HUNG VAILLANT, Francisco: *Derecho Civil I*. 5ª, Vadell Hermanos Editores. Caracas, 2015, pp. 151 y 152.

[186] Indica DÍAZ FRAILE: ob. cit. («Nota introductoria»), p. 10, refiriéndose al Derecho ibérico –pero perfectamente extensible al ordenamiento patrio–, «No era fácil cubrir con pretensión de exhaustividad todos los casos posibles y en todas sus modalidades imaginables, y no lo era porque nuestro sistema registral civil si bien no lo es de *numerus apertus*, tampoco es un sistema de *numerus clausus* perfecto, según se desprende de un atento examen del artículo 1 de la Ley del Registro Civil toda vez que no se limita a disponer la inscripción de los actos y hechos expresamente previstos por la Ley, sino en general de 'cualquier hecho concerniente al estado civil de las personas'».

[187] *Cfr.* PENSADO TOMÉ, Antonio: «¿Hacia una invasión administrativa del folio de nacimiento?». En: *Boletín del Ministerio de Justicia*. N° 583. Madrid, 1963, p. 6, «Si el Registro Civil es el registro del estado civil de la persona, es evidente que solo aquellos hechos que le constituyen, le modifican o extinguen deben tener acceso al mismo», y añade que no se debe pretender «que el Registro Civil se convierta en una especie de cajón de sastre donde se entremezclen, bajo el único lazo común de la unidad del titular, todas esas situaciones completamente ajenas, no ya al estado civil, sino incluso al Derecho Civil mismo».

[188] OBANDO SALAZAR: ob. cit. (*El Registro del Estado Civil*), p. 42, expresa su opinión sobre este aspecto: «al Registro únicamente tiene acceso los hechos y cualidades de

Los elementos condicionantes indicados deben necesariamente concurrir para hacer uso de la cláusula enunciativa arriba comentada, ya que al ser un registro de carácter «público» la recopilación de información no tocante directamente al estado civil puede poner en peligro otros derechos constitucionalmente protegidos como los derechos a la vida privada e intimidad (artículo 60 de la Constitución de la República Bolivariana de Venezuela)[189]. *Verbi gratia*, no podría asentarse en el Registro del Estado Civil datos referente a las rentas generadas por el particular, ya que ello a todas luces excede el concepto de estado civil y generaría probablemente un daño irremediable a las facultades constitucionales antes indicadas, de allí que se reclame mucho tino a la hora de incorporar datos al Registro a través de la referida disposición.

2.5.5. *Intervención activa del registrador*

En el modelo de Registro establecido por el Código Civil, se le concedía un rol muy pasivo al registrador, en el sentido de que sus funciones eran básicamente la de constatar el cumplimiento de los requisitos y formalidades de los actos y, en sintonía, inscribirlos en los libros respectivos[190]. Tal escenario

---

estado previamente determinados por los preceptos legales; el funcionario solamente da ingreso al Registro cuando constara la veracidad del acontecimiento, y realizado el asiendo con las formalidades de rigor, goza de una fuerza probante *erga omnes*».

[189] *Vid.* CONTRERAS DE MOY, Aura Maribel: «A propósito del artículo 60 de la Constitución de la República Bolivariana de Venezuela». En: *Revista de Derecho de la Defensa Pública*. Nº 1. Caracas, 2015, pp. 69 y ss. www.ulpiano.org.ve.

[190] DOMINICI: ob. cit. (*Comentarios al Código...*), t. I, p. 539, lo reseñaba con la siguiente formula: «Su oficio es puramente pasivo, y debe limitarse a lo que se le exponga». Lo indicado tienen una justificación en el hecho de que nuestro modelo sigue el tipo francés en el cual, según LUCES GIL: ob. cit. (*Derecho Registral...*), p. 19, «el Registro no se rectifica a sí mismo, los asientos registrales no pueden modificarse sino en virtud de resoluciones judiciales». El anterior esquema comienza a variar sensiblemente en principio a través de la reforma de la Ley Orgánica para la Protección de Niños, Niñas y Adolescentes de 2007 que incorpora un mecanismo de rectificación administrativa, y actualmente en la Ley Orgánica de Registro Civil que lo regula ampliamente. Estos cambios hacen que nuestro sistema «vigente» se acerque más al sistema español donde, según LUCES GIL, «se le atribuye a los órganos registrales una amplia función en orden a la rectificación y corrección de los asientos, a través de los expedientes registrales» (ibíd., p. 20). *Vid.* VARELA CÁCERES: art. cit. («La rectificación de las actas...»), pp. 361 y ss.

varía sustancialmente con la Ley Orgánica de Registro Civil, en el sentido de que al fortalecerse la figura del registrador como funcionario especializado en la materia, donde además se establecen normas jurídicas que regulan su forma de proceder de una manera más activa, concediéndole facultades de calificación que superan la de simple veedor de la legalidad[191]; *exempli gratia*, en lo concerniente a la determinación o modificación de nombre propio[192], rectificaciones de actas por yerros materiales[193], entre otras, hacen que el rol del actual registrador sea mucho más dinámico que el de su antecesor representado por el prefecto o el jefe civil.

Por su parte, la Ley para Protección de las Familias, la Maternidad y la Paternidad en su singular «procedimiento» de establecimiento de filiación, le concede amplias facultades al registrador para efectuar las pesquisas que permitan determinar el vínculo paterno debatido dentro de un trámite administrativo (artículos 21 y ss.)[194].

---

[191] *Vid.* artículo 41 de la Ley de Registros y del Notariado, donde se hace referencia a la «función calificadora». Al comentar la Ley de Registro Público y del Notariado de 2001, señala URDANETA FONTIVEROS: ob. cit. (*Estudio de Derecho...*), pp. 35 y 45, «La ley atribuye al registrador la atribución de examinar el título cuya inscripción se le solicita con el objeto de verificar el cumplimiento de los requisitos legales de fondo y de forma necesarios para su ingreso en el Registro», entonces «el registrador en ejercicio de su función calificadora deberá negarse a inscribir un título incompatible con uno previamente registrado; esto, desde luego, no prejuzgará acerca de la validez del título inscrito ni de aquel al que se le deniegue la inscripción». En todo caso, se recuerda que, según la Ley Orgánica de Registro Civil, aquellas actas que sean contrarias a la Ley o que se inscriban por duplicado son nulas (artículo 150). Afirman ARRIBAS ATIENZA y CARCELLER FABREGAT: ob. cit. (*Curso práctico...*), p. 78, «La calificación registral: Es la valoración que debe efectuar el registrado de los títulos de inscripción para determinar si procede o no la práctica del asiento correspondiente. Es consecuencia del principio de legalidad y exactitud registral y presupuesto lógico de la eficacia probatoria atribuida a las inscripciones, que tienen el valor de verdaderos títulos de legitimación de estado. Opera como un filtro que impide el acceso al Registro de hechos no debidamente comprobados o inexactos o de actos jurídicos ineficaces o defectuosos».

[192] *Cfr.* VARELA CÁCERES: art. cit. («El nombre civil...»), pp. 264-270.

[193] *Vid.* VARELA CÁCERES: art. cit. («La rectificación de las actas...»), p. 343.

[194] Consúltase igualmente los artículos 26 y ss. del Reglamento de la Ley Orgánica de Registro Civil. *Vid.* VARELA CÁCERES: art. cit. («La identidad biológica...»), p. 260.

Todo lo anterior demuestra que, efectivamente, al registrador le corresponde participar activamente dentro de los trámites de su competencia y con ello se anhela que el funcionario solvente todas aquellas fallas o debilidades que son fácilmente apreciables por él en la tramitación de las inscripciones[195].

Como colofón a este apartado, se debe mencionar que los anteriores caracteres son útiles para facilitar la interpretación de las normas jurídicas que rigen el Registro del Estado Civil, ya que a través de ellas se puede palpar con nitidez el modelo incorporado por el nuevo texto legal y diferenciarlo de los paradigmas anteriores o de otros instrumentos o prácticas que queden como reminiscencias del arquetipo establecido según las disposiciones del Código Civil, lo cual justamente es lo que se desea superar para llevarlo a un sistema que se ajuste a los derechos fundamentales que garantiza el nuevo Registro Civil, como son la identidad e identificación.

---

[195] Ocurriría algo similar a lo que menciona Seoane Spiegelberg que, al referirse a función notarial española, destaca que esta «constituiría la medicina preventiva, evitando el nacimiento de conflictos a través de la recepción notarial del consentimiento de los contratantes, observando las exigencias de forma y velando por el cumplimiento de las disposiciones legales que disciplinan las válidas relaciones contractuales, mientras que la actuación de los tribunales de justicia se produce, por el contrario, cuando en las relaciones convencionales se ha instaurado una patología, que requiere acudir al órgano jurisdiccional para que restaure el orden jurídico conculcado, acudiendo a las procedentes declaraciones de nulidad, anulabilidad y resolución», parafraseado en Nieto Alonso, Antonia: «Capacidad del menor de edad en el orden patrimonial civil y alcance de la intervención de sus representantes legales». En: *Revista de Derecho Civil*. Vol. III, N° 3. Madrid, 2016, http://nreg.es/ojs/index.php/RDC, p. 15.

Capítulo III
Principios sectoriales del Registro del Estado Civil

Como se ha podido visualizar a lo largo de este estudio, del análisis general de las normas que regulan al Registro del Estado Civil, se puede palpar la existencia de enunciados bases que representan verdaderos principios sectoriales. Ellos sirven de andamiaje a todo el Sistema del Registro del Estado Civil y cumplen una tarea esencial a la hora de desarrollar los instrumentos sublegales, así como al momento de interpretar los postulados emergentes de la nueva regulación[196]. De allí que la propia Ley Orgánica de Registro Civil trata de precisarlos a través de diversas maneras, ya sea por medio de su ordenación expresa como principios cardinales o a través de normas diversas que permiten deducir su enunciado normativo.

Ahora bien, es importante tener en cuenta que algunos de dichos fundamentos ya se evidenciaban en el modelo anterior regulado por el Derecho común, y otros son propios del Sistema ahora patrocinado por la Ley Orgánica de Registro Civil[197]. Ellos son, a saber:

---

[196] Para PAURICI y ZADOFF, «Los principios registrales, son las reglas o fundamentos que sirven de base al sistema registral, y responden a la tendencia de sintetizar el contenido de las diversas ramas jurídicas, en una serie de directrices con jerarquía de principios», citado en YANES: ob. cit. (*El registro inmobiliario...*), p. 58; LUCES GIL: ob. cit. (*Derecho Registral...*), p. 36, «los principios registrales son aquellas ideas fundamentales o directrices básicas en las que se inspira la organización registral extraídas por vía de síntesis, a través de sucesivas abstracciones, de las normas particulares que la integran» e identifica como principios del modelo español de 1957: legalidad, oficialidad, tutela del interés de los particulares, respeto a la intimidad personal, simplificación administrativa, gratuidad, legitimación y publicidad.

[197] *Vid.* TRUJILLO GUERRA: art. cit. («Reseña de legislación...»), pp. 101, «El nuevo Sistema de Registro Civil incluye además, un conjunto de principios y elementos definidos de una forma antes no prevista».

3.1. Principios expresos del Registro del Estado Civil

En este segmento se van a enumerar los principios sectoriales que la Ley Orgánica de Registro Civil establece de forma expresa, es decir, aquellos que denomina «principio». Con tal proceder se persiguen dos objetivos: primero, desarrollar su contenido para posteriormente efectuar su aplicación práctica y, segundo, juzgar si en verdad cumplen con las cualidades intrínsecas para ser un verdadero principio y, en consecuencia, vincularlos con los principios generales del Derecho.

3.1.1. Publicidad

Cuando se indica que el Registro del Estado Civil se rige por el principio de publicidad, se quiere destacar que posee como fundamento el que la información contenida en dicho catastro es de acceso libre por parte de los interesados[198]; salvo limitaciones establecidas expresamente por la Ley[199]. Dispone concretamente la Ley Orgánica de Registro Civil, lo siguiente:

> Artículo 6.- Principio de publicidad. El Registro Civil es público. El Estado, a través de sus órganos y entes competentes, garantizará el acceso a las

---

[198] Cfr. CORNEJO: ob. cit. (*Derecho registral*), p. 2, indica: «por publicidad debemos entender el sistema de divulgación encaminado a hacer cognoscible a todos determinadas situaciones jurídicas para tutela de los derechos y la seguridad en el tráfico»; CRISTÓBAL MONTES: ob. cit. (*Introducción al Derecho...*), p. 16, comenta: «todo mecanismo publicitario ha de configurarse lógicamente como instrumento que posibilite a los interesados la adquisición del conocimiento de las situaciones y hechos publicados, posibilidad que las legislaciones configuran, incluso, como un derecho subjetivo de los particulares». Para ARRIBAS ATIENZA y CARCELLER FABREGAT: ob. cit. (*Curso práctico...*), p. 22, «Se cumple esta función mediante la exhibición de los libros registrales o la expedición de certificaciones o notas informativas de sus asientos, tanto a petición de las autoridades como de los particulares interesados».

[199] LUCES GIL: ob. cit. (*Derecho Registral...*), pp. 25 y 26, distingue entre publicidad formal y publicidad material; aquí se hace referencia a la primera, es decir, a «los medios de publicidad: exhibición de libros, expedición de certificaciones y de simples notas informativas»; por su parte, la «material» coincide con lo que más adelante identificamos como principio «fe pública», vid. supra 3.1.6.

personas para obtener la información en él contenida, así como certificaciones y copias de las actas del estado civil, con las limitaciones que establezca la ley.

Entonces, desde el punto de vista práctico, la publicidad se manifiesta de dos formas: primero, a través del examen del archivo automatizado; segundo, por medio de la solicitud de copias de las actas inscritas en que se tenga un particular interés[200].

A su vez, conviene apuntar que en los ordenamientos foráneos existen dos maneras de satisfacer la publicidad formal: la que permite el acceso libre de las personas sobre todo el Registro del Estado Civil; salvo restricción expresa y, en otro ribete, el sistema que licencia únicamente el acceso sobre los asientos en los cuales se tiene personal interés por parte del solicitante, para estos fines, en materia de cotejo de los asientos, el registrador debe autorizar el examen según lo inquirido por el solicitante, y si se trata de reproducciones se diferencia entre certificaciones «literales» que transcriben todo el asiento y los «extractos» que solamente informan los aspectos concretos permitidos[201];

---

[200] LÓPEZ SÁNCHEZ: ob. cit. («Los derechos de las personas...»), p. 295, «El régimen de publicidad del nuevo modelo de Registro Civil se articulará a través de dos instrumentos: la certificación y el acceso de la Administración en el ejercicio de sus funciones públicas a la información registral –no hace falta decir que con un Registro informatizado ya no tiene sentido el examen de los libros–». *Cfr.* URDANETA FONTIVEROS: ob. cit. (*Estudio de Derecho...*), pp. 89 y 90, «el Registro se estructura como un servicio de información al que puede acceder todo interesado en consultar el contenido de los asientos del Registro» lo que implica que «La publicidad formal se hace efectiva por medio de la exhibición o manifestación de los asientos del Registro y de la documentación archivada que emane de ellos, o mediante la expedición de las certificaciones sobre los actos y derechos inscritos».

[201] *Vid.* ARRIBAS ATIENZA y CARCELLER FABREGAT: ob. cit. (*Curso práctico...*), p. 62, «Literales son las que comprenden íntegramente el folio o asiento a que se refiere, con indicación incluso de las firmas», donde se incluyen en los registros no automatizados las certificaciones de fotocopias de los asientos; «En extracto son las que contienen únicamente los datos esenciales de que da fe la inscripción correspondiente, según resulta del asiento y de las inscripciones marginales modificativas del mismo, sin hacer referencia a éstas».

verbi gratia, si una persona necesita precisar la correcta identidad de otra, el registrador certifica los datos de identidad sin revelar cómo se produjo la determinación de los apellidos, es decir, la filiación[202].

Huelga subrayar que nuestro Sistema se decantó por la primera opción y por ello exhibe como principio una publicidad exacerbada, en palabras del propio legislador: «La información contenida en el Registro Civil será pública. Toda persona podrá acceder a la información de los archivos y datos del Registro Civil, salvo las limitaciones establecidas en la Constitución de la República, en la presente Ley y demás leyes...» (artículo 59 de la Ley Orgánica de Registro Civil). Como apunta FEBRES CORDERO, «El Registro Civil no está vedado para nadie y los funcionarios del mismo están obligados a enseñar los libros y comprobantes a quien lo pida y a expedir las certificaciones y copias»[203].

No obstante, existen aspectos que han quedado actualmente reservado, ello en razón que, si bien el precepto que rige el Sistema es la publicidad, la misma nunca puede ser considerada como «absoluta», de allí que se establezcan límites racionales y objetivos, que deben ponderarse de acuerdo a las reglas jurídicas que rigen el modelo y los principios superiores[204].

---

[202] La profesora ADRIÁN señala: «La necesidad de limitar la publicidad del registro, en el sentido que los asientos solo puedan ser consultados por la persona que tenga un interés legítimo calificado y previa evaluación de ese interés. Que el estado civil deba probarse por medio de extractos. Las copias integrales solo pueden ser solicitadas por el interesado u otra persona con interés calificado previamente evaluado. Las copias integrales no pueden contener datos sensibles», citada en GONZÁLEZ LOBATO: ob. cit. (*Registro electoral...*), p. 118. Parece ser que este ha sido el criterio que ha seguido el CNE, ya que el denominado: «Sistema Automatizado de Registro Civil (SARC)» en su plan piloto permite «solicitar las certificaciones de actas de nacimiento, defunción y matrimonio; en cualquiera de las dos versiones disponibles en el sistema, ya sea la imagen íntegra del contenido del acta, incluyendo las notas marginales cuando las hubiere; o el extracto que es la transcripción de los datos esenciales del acta y del hecho o acto inscrito», http://www.cne.gob.ve/registrocivil/index.php/detalle_noticia?id=3459.

[203] FEBRES CORDERO: ob. cit. (*El Registro del Estado...*), p. 34. *Vid.* artículo 7 Nos 1 y 8 de la Ley Orgánica de la Administración Pública.

[204] Afirma LUCES GIL: ob. cit. (*Derecho Registral...*), pp. 26 y 40, «se restringe la publicidad formal en diversos aspectos y, concretamente, el relativo a ciertos datos cuya

Concretamente, en la Ley Orgánica de Registro Civil se observan restricciones en lo relacionado con la residencia (artículo 59)[205], la información referida a la filiación de niños y adolescentes (artículos 60 *Lex cit.* y 120 del Reglamento)[206], sobre el acta de nacimiento levantada en los supuestos de niños recién nacidos abandonados (artículo 91), la información contenida en el Registro del Estado Civil de aquellas personas que puedan ver amenazada su vida o integridad personal y así lo ordenen los órganos jurisdiccionales o administrativos competentes (artículo 61[207]), también se encuentra restringida el acta de nacimiento «original» cuando media adopción (artículos 504 y 505 de la Ley Orgánica para la Protección de Niños, Niñas y Adolescentes). Previendo además que toda consulta en la base de datos automatizada estará únicamente supeditada a la exhibición de la identidad del solicitante, de la cual se dejará constancia al momento del acceso al archivo (artículo 65 de la Ley Orgánica de Registro Civil).

---

divulgación pudiera resultar molesta o vejatoria para los interesados, como la filiación extramatrimonial, los abortos, las causas de separación o disolución de los matrimonios»; añadiendo: «Procura nuestra ordenación registral conciliar el fin de publicidad a que está ordenado el Registro con el respeto al derecho a la intimidad de las personas (…) Se ha tratado de evitar cuidadosamente la divulgación de hechos personales que pudieran resultar deshonrosos o cuyo conocimiento público pudiera resultar molesto para los interesados, como el origen ilegítimo de la filiación».

[205] Comenta GONZÁLEZ LOBATO: ob. cit. (*Registro electoral…*), p. 70, «que con el fin de garantizar el derecho a la privacidad e intimidad de cada persona, el acceso a los datos relacionados con la residencia será limitado y solo podrá obtenerse a través de requerimientos de autoridades judiciales o administrativas», véase: artículo 28 N° 1 de la Ley Orgánica de Procesos Electorales de 2009.

[206] Recuerda LUCES GIL, Francisco: *El nombre civil de las personas naturales en el ordenamiento jurídico español*. Bosch. Barcelona, 1978, p. 160, «el contenido completo de la inscripción de nacimiento está sometido a un régimen de publicidad restringida en todo lo que pueda afectar a la intimidad personal», de allí que «las certificaciones en extracto de nacimiento no revelan la filiación de las personas y contiene siempre los mismos datos»; complementa el mismo autor: «se ha eliminado de la inscripción del nacimiento la expresión de la clase de filiación –dato que exigía la Ley de 1870–» prescindiendo «de una mención deshonrosa y carente de valor», ob. cit. (*Derecho Registral…*), p. 40.

[207] *Vid.* Ley de Protección de Víctimas, Testigos y demás Sujetos Procesales, *Gaceta Oficial de la República Bolivariana de Venezuela* N° 38536, del 04-10-06.

Como se aprecia, el legislador juzgó bien servido el derecho a la privacidad e intimidad de cada persona (artículo 60 de la Constitución) con las restricciones antes numeradas, lo que obliga a aclarar que en realidad nuestro modelo sigue la línea tradicional de publicidad del Código Civil (artículo 456). No obstante, ello debe ser objeto de reflexión y ponderación, ya que es evidente que las situaciones han cambiado radicalmente en los tiempos actuales y los ordenamientos foráneos han incluido restricciones, en atención a ciertas facultades fundamentales que se verían seriamente comprometidas si no existieran límites racionales a la capacidad inquisitiva de otros conciudadanos ávidos de entrometerse en asuntos privativos que no les incumben objetivamente[208]. Al respecto, OBANDO SALAZAR señalaba hace ya cinco décadas, lo siguiente:

> Las actas del estado civil relatan hechos y acontecimientos relacionados con el estado y filiación de las personas y son documentos públicos oponibles a todos; tal situación es consubstancial con el principio de la publicidad del Derecho Civil, en el sentido de que todo aquel a quien interese puede enterarse directamente del contenido de los asientos y solicitar copias de los mismos. No obstante ser ésta la regla universalmente aceptada, la doctrina ante el aparecimiento y progresivo desenvolvimiento de los derechos de la personalidad, ha venido sosteniendo el criterio de lograr una armonización entre las exigencias impuestas por la publicidad registral y el respeto que se debe a la intimidad personal. Lo complejo de la situación estriba más que todo por la circunstancia de que el respeto al derecho a la intimidad es de factura reciente y de consagración legislativa moderna y cuando se organizaron los primeros registros civiles laicos esa situación no fue prevista[209].

Es debido a lo anterior, que, por ejemplo, en el Derecho español a través de la Ley 20/2011 del Registro Civil se establece en su «Preámbulo» que entre sus principios persigue equilibrar «la necesaria protección de su derecho funda-

---

[208] Para GONZÁLEZ LOBATO: ob. cit. (*Registro electoral...*), p. 118, «la publicidad y la protección de los datos, de la manera que es regulado en el Ley no responde a la exigencia nacional e internacional sobre la restricción a la publicidad de los datos».

[209] OBANDO SALAZAR: ob. cit. (*El Registro del Estado...*), p. 39.

mental a la intimidad con el carácter público del Registro Civil». Concretamente dispone el texto foráneo en su artículo 15 varias reglas sobre publicidad: «1. Los ciudadanos tendrán libre acceso a los datos que figuren en su registro individual. 2. El Registro Civil es público. Las Administraciones y funcionarios públicos, para el desempeño de sus funciones y bajo su responsabilidad, podrán acceder a los datos contenidos en el Registro Civil». Las demás personas «También podrá obtenerse información registral», bajo las condiciones establecidas en la Ley y «siempre que conste la identidad del solicitante y exista un interés legítimo». Por último, «estarán sometidos al sistema de acceso restringido», los actos indicados en el artículo 83, a saber: «… a. La filiación adoptiva y la desconocida. b. Los cambios de apellido autorizados por ser víctima de violencia de género o su descendiente, así como otros cambios de identidad legalmente autorizados. c. La rectificación del sexo. d. Las causas de privación o suspensión de la patria potestad. e. El matrimonio secreto…».

Entonces, la regla general –de cualquier modelo– es que siempre tendrá la persona derecho de conocer la información que sobre sí misma este recopilada en el Registro del Estado Civil[210]. En nuestro caso, es la propia Constitución la que señala tal garantía en el artículo 28. Empero, las normas jurídicas examinadas dejan sin salvaguarda algunos hechos que pueden ser usados por inescrupulosos y es allí donde interviene el principio de publicidad para facilitar la difusión de la información que objetivamente persiga una finalidad digna de tutela y, a su vez, condicionar que las interpretaciones que sobre la Ley Orgánica de Registro Civil se hagan eviten que, a través de pretensiones mezquinas, se pueda obtener datos que deben ser considerados como reservados, tales como lo referido a las causas de una inhabilitación para el ejercicio de función pública, que solo incumbe en determinados supuestos a los órganos públicos, por citar un supuesto.

---

[210] Obviamente esto incluye tanto al propio titular como a las personas que lo tienen bajo su responsabilidad o los apoderados, vid. LUCES GIL: ob. cit. (*Derecho Registral…*), p. 44.

Por último, es notorio deducir que este principio de publicidad en materia de Registro del Estado Civil tiene un soporte en los principios generales del Derecho de dignidad y de libertad. El primero, en el contexto que la publicidad se relaciona directamente con algunos derechos fundamentales que, a su vez, tienen un sustento en el respeto de la dignidad humana; por su parte, el principio de libertad revela lo que está permitido a la Administración y, también, las restricciones que poseen los ciudadanos y, como se indicó, el principio sectorial de la publicidad en el Registro Civil concurre para fijar los confines de cada actuación, en otras palabras, lo que debe ser respetado por los funcionarios del Registro y las facultades concretas que detentan los usuarios del Sistema.

Otro aspecto del asunto que reviste especial interés es la que distingue entre «publicidad efecto» y «publicidad noticia»[211]. En las líneas anteriores se ha desarrollado, en relación con el Registro del Estado Civil, las principales aristas de la segunda categoría, es decir, publicidad noticia o formal. Por su parte, la publicidad como efecto o «material» es muy común en otro tipo de registros como el que corresponde a los bienes inmuebles[212]; empero, en materia de Registro Civil también se observan algunos actos en los cuales la publicidad viene acompañada de un efecto jurídico, lo cual genera que la actividad del registrador no sea meramente formal, sino que incluso implica una condición

---

[211] CRISTÓBAL MONTES: ob. cit., (*Introducción al Derecho...*), p. 41, distingue entre publicidad de tipo meramente publicitario o notificatorio, publicidad protectora de terceros adquirentes y publicidad de valor constitutivo. ARRIBAS ATIENZA y CARCELLER FABREGAT: ob. cit. (*Curso práctico...*), pp. 56 y ss. hablan en relación con la publicidad de dos sentidos: «a. En un aspecto material, que hace referencia a los efectos que se derivan de la constatación pública en el Registro de los hechos del estado civil y, especialmente, a su eficacia probatoria. b. En un aspecto formal, que se refiere a la proyección exterior de los datos registrados, es decir, a los medios de dar a conocer los asientos registrales, con fines informáticos, estadísticos o probatorios».

[212] URDANETA FONTIVEROS: ob. cit. (*Estudio de Derecho...*), pp. 60 y 61, comenta: «el principio de publicidad en sentido material se identifica como una presunción de exactitud del registro que opera con distinta intensidad: a. como presunción *iuris tantum* a favor de todo titular registral y b. como presunción *iuris et de iure* a favor del tercero que adquirió un derecho real de quien no era titular, pero que aparecía como tal en el registro».

constitutiva que le da validez al acto realizado bajo el control del funcionario, el caso paradigmático sería el matrimonio[213].

3.1.2. Eficacia administrativa

Un aspecto en que hace especial énfasis la Ley Orgánica de Registro Civil al momento de regular los principios informadores del nuevo modelo es el de señalar el carácter administrativo de la función desplegada por el Registro, actividad que es calificada como «un servicio público esencial» (artículo 5)[214], a saber:

> Artículo 7.- Principio de eficacia administrativa. Los procedimientos y trámites administrativos del Registro Civil deben guardar en todo momento

---

[213] Comenta LUCES GIL: ob. cit. (*Derecho Registral...*), pp. 43 y 44, «En algunos supuestos la inscripción tiene un valor constitutivo del acto inscrito, es decir, que éste carece de toda validez y eficacia entre tanto no se practique el asiento. Así ocurre en las inscripciones de naturalización, en las de cambio de nombre y apellidos». *Cfr.* ARRIBAS ATIENZA y CARCELLER FABREGAT: ob. cit. (*Curso práctico...*), p. 72, la inscripción tiene valor constitutivo cuando el asiento es requisito «esencial para la perfección del acto del estado civil, de forma que hasta que no se practique el asiento el acto no produce efecto alguno».

[214] HUNG VAILLANT: ob. cit. (*Derecho Civil I*), p. 149, sostiene que el Registro del Estado Civil: «lleva implícita la existencia de una organización administrativa que realiza un servicio público y que está a cargo de funcionarios de la Administración Pública». *Cfr.* PENSADO TOMÉ: art. cit. («¿Hacia una invasión...»), p. 3, sostiene: «El Registro Civil es una institución civil por su objeto –el estado civil de las personas– y administrativa por su organización –el Registro es un servicio público organizado por el Estado–»; apuntan ARRIBAS ATIENZA y CARCELLER FABREGAT: ob. cit. (*Curso práctico...*), p. 24, «la actividad registral forma una categoría especial dentro de las funciones administrativas, caracterizada por la nota de ser una función legitimadora relativa al Derecho privado». Por su parte, BREWER-CARIAS, Allan R.: «Estudio sobre la impugnación ante la jurisdicción contencioso-administrativa de los actos administrativos de registro». En: *Libro homenaje a la memoria de Joaquín Sánchez Covisa*. UCV. Caracas, 1975, pp. 455, refiriéndose al Registro Civil afirma que representa una actividad «realizada por órganos administrativos especializados (...) que se cumple en ejercicio de la función administrativa y se materializa a través de actos administrativos. En todos esos casos, el Estado presta un servicio público: el de garantizar la seguridad jurídica».

simplicidad, uniformidad, celeridad, pertinencia, utilidad, eficiencia y ser de fácil comprensión, con el fin de garantizar la eficaz prestación del servicio.

El anterior enunciado es relevante por cuanto antes de la Constitución de la República Bolivariana de Venezuela las funciones descansaban en figuras como el prefecto y el jefe civil, entes que por su naturaleza «política» ostentaban funciones muy disimiles[215], algunas de ellas hoy consideradas claramente inconstitucionales –*verbi gratia*: la posibilidad de ordenar arrestos en determinados supuestos[216]–. Lo descrito ocasionaba en la práctica que a tales figuras no se les aplicaba, en rigor, las disposiciones que integran el Derecho Administrativo[217].

---

[215] GONZÁLEZ: art. cit. («El régimen del Registro…»), pp. 60 y 61, comenta: «los jefes civiles tradicionalmente han tenido funciones ejecutivas, de policía y de fiscalización de las obras públicas, como auxiliares de los concejos municipales para el cumplimiento de las funciones de atención de las necesidades colectivas»; empero, con la sanción de la Ley Orgánica de Régimen Municipal de 1989 –ahora Ley Orgánica de Poder Municipal–, indicaba el autor que dichos organismos quedaran «prácticamente sin contenido concreto», al trasladarse sus antiguas funciones al «Alcalde como órgano ejecutivo, jefe de la administración local; y un Concejo Municipal legislativo y de control».

[216] *Vid.* CSJ/en pleno, sent. del 06-11-97, mediante el cual se declara la inconstitucionalidad total de la Ley de Vagos y Maleantes, en: *Revista de la Facultad de Ciencias Jurídicas y Políticas*. N° 107. UCV. Caracas, 1998, pp. 193 y ss.

[217] No obstante, como señala OCHOA GÓMEZ: ob. cit. (*Derecho Civil I: personas*), p. 384, el Registro del Estado Civil es una «institución de carácter administrativo». *Vid.* Preámbulo de la Ley 20/2011, del Registro Civil de España, que señala: «se ha optado por un órgano o entidad de naturaleza administrativa con el fin de prestar un servicio público de mayor calidad, sin perjuicio de la garantía judicial de los derechos de los ciudadanos», por ello apuntala su modelo en «la aplicación al Registro Civil de técnicas organizativas y de gestión de naturaleza administrativa», lo cual «permitirá una mayor uniformidad de criterios y una tramitación más ágil y eficiente de los distintos expedientes, sin merma alguna del derecho de los ciudadanos a una tutela judicial efectiva, pues todos los actos del Registro Civil quedan sujetos a control judicial». Entonces, según indica LÓPEZ SÁNCHEZ: ob. cit. («Los derechos de las personas…»), p. 263, «El nuevo Registro Civil se caracteriza por (…) pasar a ser un órgano administrativo dependiente del Ministerio de Justicia, sustituyéndose a los jueces por funcionarios encargados no pertenecientes a la carrera judicial». Incluso, aun antes de la referida reforma, la jurisprudencia española había confirmado: «el Registro Civil, pese a estar encomendada su llevanza a órganos judiciales, no es función jurisdiccional,

El panorama anterior, que en parte es una de las tantas fallas imputadas al modelo del Código Civil, es claramente superado al destacar la Ley Orgánica de Registro Civil el carácter de función pública del Registro[218] y más exactamente al señalar sus caracteres en el artículo 7, transcrito.

Los enunciados indicados en la disposición en comentario, son principios sectoriales que reproduce lo establecido por la Constitución (artículo 141), y también son desarrollados por la Ley Orgánica de la Administración Pública (artículo 10)[219], la Ley Orgánica de Procedimientos Administrativos (artículo 30) y la Ley de Simplificación de Trámites Administrativos (artículo 5)[220], por tanto puede sostenerse que la actividad registral está influida directamente por las reglas que rigen al Derecho Administrativo, al menos en sus formas, al representar una actividad estatal.

A título ilustrativo, se puede indicar que este postulado es clave en diversos aspectos, por ejemplo, la Administración, en su actividad, no puede pedir a los usuarios la consignación de actas certificadas del Registro del Estado Civil cuando ellas están en su poder o pudiere obtenerlas accediendo directamente al Sistema, por estar habilitado en el ejercicio de sus competencias[221].

---

sino registral», por lo que los jueces en dicha materia ejecutan una función «de índole administrativa, con sometimiento a la Administración y a las órdenes y directrices emanadas de ella», *cfr.* MARÍN LÓPEZ: art. cit. («La ordenación de los registros...»), pp. 157 y 159.

[218] LUCES GIL: ob. cit. (*Derecho Registral...*), p. 20, «La actividad registral pertenece a la función administrativa, formando una categoría especial, caracterizada por la nota de ser una función legitimadora relativa al Derecho privado. Es similar a la que realiza los notarios y los distintos registradores públicos»; por lo anterior, los rige los principios de legalidad y simplificación administrativa.

[219] Incluso dicha Ley le da un contenido muy concreto al «principio de eficacia», refiriéndose a la planificación eficaz de las actividades que desarrolla la Administración Pública (artículo 19).

[220] Refieren ARRIBAS ATIENZA y CARCELLER FABREGAT: ob. cit. (*Curso práctico...*), p. 28, que en España destaca una «marcada tendencia a dotar de agilidad y simplicidad al servicio registral, eliminando trámites superfluos y viejas rutinas».

[221] *Vid.* artículo 80 Nº 2 de la Ley 20/2011 de Registro Civil española.

Por lo indicado, es absurdo que el *pseudo* «Reglamento» de la Ley Orgánica de Registro Civil establezca que para la solicitud de rectificación material de un acta o cambio de nombre se deba acompañar «copia certificada del acta a rectificar emitida por el registrador» (artículo 87), recuérdese que el acta se encuentra inscrita en el Registro al cual tiene acceso el funcionario que sustancia el trámite. Algunos podrían pensar que ello se estableció en dichos términos por cuanto actualmente no está operando el registro digital, sin embargo, ello tampoco es verdad, ya que el deber de ubicar el documento es de la Administración Pública y no del ciudadano (artículo 11 de la Ley de Simplificación de Trámites Administrativos). En síntesis, tal exigencia contenida en el mencionado Reglamento, para los efectos de la rectificación o modificación de nombre propio es contraria a la Ley, instrumento superior y, por tanto, resulta contrario a Derecho.

El principio de «eficacia administrativa», como lo denomina la Ley, se relaciona, a su vez, con el principio de legalidad el cual es un desarrollo del principio general de la libertad, por cuanto, este último es el que determina que la distribución de las competencias de los órganos del Estado se efectúe bajo normas objetivas o, en términos clásicos, bajo sujeción de la ley, sin que lo anterior distorsione que hoy en día, la actividad del Estado debe tener como contenido el facilitar el desarrollo de los derechos de los ciudadanos dentro de un ambiente democrático y de respeto de la dignidad humana, por ello la Constitución subraya: «El Estado tiene como fines esenciales la defensa y desarrollo de la persona y el respeto a su dignidad...» y, complementa añadiendo: «La Administración Pública está al servicio de los ciudadanos...» (artículos 3 y 141).

3.1.3. Información
Bajo el título de «principio de la información» el legislador ha reglado varias actividades que debe desempeñar el registrador en el ejercicio de sus atribuciones. Concretamente, dispone:

> Artículo 8.- Principio de la información. Los órganos encargados de la actividad del Registro Civil informarán a las personas de manera oportuna y veraz, en un lapso no mayor de tres días, sobre el estado de sus trámites

y suministrarán la información que a solicitud de los demás órganos y entes públicos les sea requerida, con las excepciones que se establezcan en las leyes, reglamentos y resoluciones sobre la materia.

Se observa así una disposición donde se incluye, por un lado, los deberes de la Administración Pública ante el ejercicio por parte del ciudadano del derecho a petición y, en otro extremo, lo referente a la colaboración entre los órganos que integran los Poderes Públicos.

En el primer caso de la norma jurídica –que no puede ser considerada un principio y más bien se refiere a una regla jurídica que desarrolla un derecho constitucional– es bien detallado el deber de informar a los solicitantes sobre el *status* de su trámite[222], condicionando que esta obligación se desarrolle de forma oportuna y veraz, para lo cual además fija un lapso bastante breve[223].

Ciertamente, el texto constitucional en el artículo 51 regula el derecho a petición, aclarando que este se satisface cuando por parte de la Administración se dispensa una oportuna y adecuada respuesta[224]. Al mismo tiempo, otros instrumentos legales establecen pautas sobre la forma de satisfacer este derecho del administrado, así la Ley Orgánica de la Administración Pública regula la «garantía del derecho a petición» aclarando que la solicitud puede efectuarse a través de cualquier medio, así como la respuesta (artículos 6 N° 1; y 9), también

---

[222] LUCES GIL: ob. cit. (*Derecho Registral…*), p. 39, apunta: «Se advierte en nuestra ordenación registral una profunda preocupación por tutelar el interés de los particulares usuarios del servicio», por ello «impone a los encargados del Registro la obligación de informar a los usuarios de los derechos que les asisten y de las normas registrales».

[223] La Ley Orgánica de Procedimientos Administrativos para los asuntos que no requieren sustanciación estable un lapso de 20 días (artículo 5). ARRIBAS ATIENZA y CARCELLER FABREGAT: ob. cit. (*Curso práctico…*), p. 63, comentan que, según el antiguo Reglamento, se fijaba para la expedición de certificaciones urgentes 24 horas y tres días como plazo ordinario; vale aclarar que ello se justificaba cuando el Registro no era sistematizado, hoy día en España se ha progresado bastante en dicho aspecto y por ello tiene un modelo automatizado, lo que acorta los tiempos de respuestas.

[224] *Vid.* BELANDRIA GARCÍA, José Rafael: *El derecho de petición en España y en Venezuela.* FUNEDA. Caracas, 2013, *passim.*

la Ley Orgánica de Procedimientos Administrativos regula el «derecho a petición» en términos amplios (artículo 2). Por su parte, la Ley de Simplificación de Trámites Administrativos reglamenta este supuesto que denomina: «información al público» y «estado de las tramitaciones» (artículos 38 y 39).

Así pues, queda claro que la norma jurídica examinada, además de especificar formas especiales de satisfacer esta facultad fundamental, requiere del auxilio de los medios telemáticos para así cumplir con el lapso estrecho que se ha establecido. En efecto, la creación de un Sistema que incorpore la información sobre los trámites que se efectúan ante el funcionario del Registro –rectificaciones, cambios de nombre propio, inserciones, etcétera– es el medio más eficiente para mantener informado al usuario sobre el *status* de su solicitud. Sobra recordar, que tal propuesta se encuentra perfectamente en concordancia con los postulados de la Administración electrónica, a que se ha realizado referencia *supra*, y que regula ampliamente el ordenamiento patrio.

Por otra parte, si la función principal del Registro del Estado Civil es acumular datos de interés para probar el estado civil de las personas, es lógico que dicha información pueda ser requerida tanto por los particulares como por los entes del Estado y a través de esta regla jurídica se aspira a garantizar el deber que tienen los funcionarios del Registro de facilitar la misma a los organismos públicos, lo cual se encuentra en sintonía con los principios de publicidad y de eficacia administrativa, así como del denominado «principio de accesibilidad» (*vid. infra*).

Sobre el anterior aspecto, también existen diversas disposiciones que desarrollan el principio de cooperación, empezando por la propia Constitución (artículo 136); la Ley Orgánica de la Administración Pública lo reitera (artículo 24), incluso, dentro del «principio de lealtad institucional», refiere que deberán los órganos de la Administración Pública «Facilitar la información que le sea solicitada sobre la actividad que desarrollen en el ejercicio de sus competencias» y «Prestar la cooperación y asistencia activa…» (artículo 25 N°s 3 y 4). La Ley Orgánica de Procedimientos Administrativos establece dentro de la actuación inquisitiva de los órganos sustanciadores de trámites administrativos, la posibilidad de requerir «documentos, informes o antecedentes» a otros entes públicos (artículo 54). También la Ley de Simplificación de Trámites Administrativos trae una norma que señala lo siguiente:

> Artículo 45.- Solicitud de información a otros órganos y entes. Cuando los órganos y entes de la Administración Pública, requieran comprobar la existencia de alguna circunstancia o requisito necesario para la culminación de una determinada tramitación y la información necesaria repose en los archivos de otro órgano o ente, se procederá a la obtención de la información sin transferir al interesado la carga del aporte de dicha información. Los órganos o entes a quienes se solicite la información darán prioridad a la atención de dichas peticiones y las remitirán haciendo uso de los medios automatizados disponibles al efecto.

Como se palpa claramente, en esta materia también es esencial disponer de medios tecnológicos para lograr que el intercambio de información se realice de manera fluida y rápida. Justamente, en esta área entra en juego la denominada Ley de Interoperabilidad, ya que, como se indicó, esta persigue garantizar el intercambio eficiente y seguro de la información que posee los órganos de la Administración Pública cuando ello sea necesario (artículos 20 y ss.), así como la Ley de Infogobierno que determina las premisas mediante las cuales se incorporaran las herramientas tecnológicas indispensables para una Administración electrónica eficiente (artículos 28 y ss.).

Ya para cerrar este comentario, es evidente que la primera parte de artículo interpretado y que se refiere al derecho a petición tiene un soporte en el principio de la dignidad humana, por cuanto lo que se demanda es que la Administración esté al servicio de la persona, ya que en ella consigue su finalidad ínsita. En otros términos, si el Registro del Estado Civil tiene la obligación de responder algún requerimiento, bajo determinadas condiciones, es porque el ciudadano que es el débil jurídico disfruta del derecho a que su petición sea atendida por el aparato gubernamental y con ello no se quiere postular que la respuesta sea positiva a su petición, sino que la misma esté debidamente sustanciada y si cumple con los requisitos legales sea respondida afirmativamente y, si no, también se le dé una contestación de fondo donde se le indique el por qué no procede.

Por otra parte, el recordatorio al principio de cooperación entre los órganos del Estado, tiene un claro soporte en el principio cardinal de la buena fe, ya que este exige en la Administración una relación de confianza en que la información suministrada a otros entes públicos será usada para los fines que la ley autoriza y que la misma se requiere para cumplir con los objetivos propios de dichos organismos, lo cual se debe efectuar sin añadir cargas adicionales a los administrados.

3.1.4. *Accesibilidad*

Este postulado reclama que la actividad del Registro sea asequible a todos, en cualquier momento y desde cualquier lugar. Concretamente, dispone:

> Artículo 9.- Principio de accesibilidad. Las actividades, funciones y procesos del Registro Civil serán de fácil acceso a todas las personas en los ámbitos nacional, municipal, parroquial y cualquier otra forma de organización político-territorial que se creare.

Como se observa, la referida disposición reitera que efectivamente se está al frente de un «servicio público esencial» (artículo 5 *eiusdem*) que como tal está dispuesto en favor del ciudadano. Ahora bien, para que ello sea cierto, además de ser continuo y cubrir todo el territorio nacional, debe incluir a todos los posibles destinatarios del servicio, es decir, personas naturales, jurídicas, públicas, privadas, organizaciones civiles, etcétera.

Recuérdese que la función del Registro del Estado Civil es proporcionar información oficial sobre el estado civil de las personas, para que dichos datos sirvan de medio de prueba de los acontecimientos inscritos. Entonces, el cúmulo de datos archivados, que además son públicos –en su mayoría–, no pueden quedarse represados en el catastro, sino que deben crease los mecanismos para que los mismos pueda ser usados por los que requieran evidenciar, cotejar o comprobar determinado hecho o acto del estado civil[225]. Ello puede ocurrir tanto para el sujeto que participa en la situación inscrita, como para los terceros que tienen interés en probar la existencia o inexistencia de determinada circunstancia relevante. Por lo indicado debe posibilitarse un acceso amplio al Registro.

Así, por ejemplo, uno de los aspectos que debe ponderarse en relación con el Sistema es el referido a las personas con discapacidad[226]. Por tanto, todos los ciudadanos deben poder contar con herramientas que les permitan usar el servicio sin trabas, téngase en cuenta que el principio a la igualdad exige remover los obstáculos que puedan generar una distinción material injustificada racionalmente y, en consecuencia, una limitación al disfrute de las facultades fundamentales. Pues, justamente una discapacidad física, intelectual o sensorial no debería ser un tropiezo para el ejercicio de los derechos si la tecnología permite borrar esa situación materialmente. Entonces, el Registro debe ser lo más amigable, dinámico y simple de forma tal que permita su uso por todos los destinatarios[227].

---

[225] Esto se logra con la digitalización del Registro Civil, ya que, como afirma GONZÁLEZ LOBATO: ob. cit. (*Registro electoral…*), p. 120, «La automatización garantizará el acceso a los registros en cualquier lugar del territorio a las personas y organismos públicos».

[226] *Vid.* artículo 9 de la Ley Aprobatoria de la Convención sobre los Derechos de las Personas con Discapacidad y su Protocolo Facultativo, *Gaceta Oficial de la República Bolivariana de Venezuela* N° 39236, del 06-08-09.

[227] LÓPEZ SÁNCHEZ: ob. cit. («Los derechos de las personas…»), pp. 305 y 306, indica los postulados para un diseño universal, a saber: «i. Uso equitativo –el diseño ha de ser útil para personas con diversas capacidades–; ii. flexibilidad en el uso –debe incorporar un amplio rango de preferencias individuales y capacidades–; iii. uso simple e intuitivo –ha de ser de fácil entendimiento, sin importar la experiencia del usuario, el nivel de conocimiento, las habilidades en el lenguaje o el nivel de concentración al momento del uso–; iv. información perceptible –debe comunicar la información necesaria con eficacia al usuario, sin importar las condiciones ambientales o las capacidades sensoriales del usuario–; v. con tolerancia al error –el diseño debe minimizar los peligros y consecuencias adversas ante acciones accidentales o negligentes–; vi. que exija poco esfuerzo físico –debe ser usado de forma eficiente y confortable con un mínimo de esfuerzo o fatiga–; vii. tamaño y espacio para el acceso y uso –deben proporcionarse el tamaño y espacio apropiados para el acceso, el alcance, la manipulación y el uso, sin importar el tamaño del cuerpo del usuario, la postura o la movilidad–».

Pero el acceso no se limita únicamente a la obtención de la información, lo cual queda cubierto bajo el principio de publicidad y sus restricciones excepcionales, también debe garantizarse que los interesados tengan información sobre cuáles son las actividades que se realizan a través de los órganos que integran el Sistema Nacional de Registro Civil, igualmente sobre los pasos que componen los procedimientos respectivos.

Lo indicado no es exclusivo del Registro del Estado Civil, en puridad se aplica a toda la Administración Pública y el instrumento que lo desarrolla con mayor propiedad es la Ley de Simplificación de Trámites Administrativos. Ciertamente, además de exigir que los trámites administrativos sean «de fácil entendimiento», donde se implementen «bases de datos automatizadas de fácil acceso» con «acceso remoto», que permitan el ingreso a la plataforma de la información a través de Internet, servicios de información telefónica u oficinas especializadas de atención al público, incluyendo la modalidad de «ventanilla única» (artículos 9, 11, 38, 40, 41, 47 y ss.), le dedica todo un capítulo de la Ley que rotula como «La Administración Pública al servicio de los ciudadanos», donde regula entre otras cosas lo siguiente:

> Artículo 38.- Información al público. (…) Adicionalmente, en las oficinas y establecimientos en los cuales se dé inicio a cualesquiera trámites administrativos, la máxima autoridad de dicha oficina o establecimiento será responsable de la fijación en sitio visible al público de los requisitos exigidos para cada trámite, las oficinas que intervienen y su ubicación, la identificación del funcionario responsable del trámite, su duración aproximada, los derechos de las personas en relación con el trámite o servicio en cuestión y la forma en que se pueden dirigir sus quejas, reclamos y sugerencias…

Otro aspecto que se deduce de la accesibilidad y que representa una verdadera transformación en relación con el modelo del Código Civil es que la actividad registral ya no está condicionada a una competencia territorial[228], es

---

[228] Comenta URDANETA FONTIVEROS: ob. cit. (*Estudio de Derecho…*), p. 19, que en el Registro Inmobiliario sí existe una referencia territorial que denomina: «jurisdicción registral».

decir, las personas pueden efectuar sus trámites en cualquier oficina del Registro del Estado Civil con independencia que el hecho o acto que se comunica haya ocurrido en otro municipio, estado o incluso fuera del país. Todo ello es lógico si se pondera que ahora el Registro Civil debe ser automatizado y digital, lo que implica que al mismo se puede introducir datos desde cualquier punto geográfico que posea interconexión con el Sistema y ello permite que se pueda verificar en tiempo real si el asiento que se pretende incorporar ya se encuentra ingresado y así evitar duplicidades y distorsiones, que era justamente lo que perseguía el Código Civil cuando establecía algunos criterios de competencia según el lugar de ocurrencia para efectuar la declaración de los hechos y actos del estado civil.

Lo anterior es una derivación de los modelos de archivos electrónicos, de allí que es lo que ocurre *verbi gratia* en España, según se evidencia de su normativa[229]. Lastimosamente, la situación actual del Sistema de Registro venezolano que posee una Ley que «teóricamente» está vigente, pero que en la práctica se halla lejos de cumplirse, ha generado que, por ejemplo, el órgano rector –entiéndase Consejo Nacional Electoral– al dictar la resolución que denomina «Reglamento» de la Ley, estableciera restricciones territoriales para tramitar las rectificaciones administrativas por errores materiales de los asientos (artículo 92), lo cual es una contradicción con los postulados de la Ley Orgánica de Registro Civil y aunque no se posea hoy en día un modelo registral automatizado, debió privilegiarse la accesibilidad y colocarse la responsabilidad de la movilización y cotejo del

---

[229] *Vid.* artículo 11 literal f de la Ley 20/2011 de España. Comenta LÓPEZ SÁNCHEZ: ob. cit. («Los derechos de las personas…»), pp. 266 y 296, que a través del nuevo modelo «las personas podrán dirigirse no solo a la oficina del lugar en el que hayan ocurrido los hechos, sino a cualquiera de ellas, lo que supone un gran cambio con respecto a la Ley de 1957, fundamentalmente como consecuencia de la consideración de la persona como eje vertebrador del Registro Civil (…) Es indiferente cuál sea el lugar en el que produjeron los hechos o actos inscribibles», «se ha dejado atrás la constatación territorial de los hechos concernientes a las personas para avanzar hacia un modelo radicalmente distinto donde lo relevante es el historial de cada individuo», igualmente «las personas obligadas a promover la inscripción deberán comunicar los hechos y actos bien mediante la presentación de los formularios oficiales o bien mediante su remisión por medios electrónicos», es decir, exonerándoseles de acudir físicamente a las oficinas para cumplir con su deber.

acta a corregir en la Administración y no en el ciudadano. En todo caso, como se indicó *supra*, tal exigencia del pseudo-reglamento es manifiestamente ilegal.

Entonces, es evidente el esmero del legislador por ser enfático en el deber de la Administración de proporcionar un verdadero servicio destinado al ciudadano. Por ello no se ve que este postulado sea un principio sectorial del Registro Civil, sino en realidad representa un principio común a todo el Derecho Administrativo y sus soportes remotos son el principio de la dignidad humana, ya que se persigue facilitar que los ciudadanos puedan utilizar para mejorar su calidad de vida el servicio de Registro y también en el principio de igualdad, ello debido a que si las normas jurídicas que regulan las actividades que realizan los órganos del Estado son claras, transparentes y además se encuentran difundidas abiertamente pueden hacer uso de ellas para los trámites respectivos todos los sectores y no únicamente aquellos que cuenten con recursos para contratar servicios de abogados o de asesores profesionales, sino de igual forma los sectores vulnerables van a poder informarse de las actividades que ofrece la Administración y con ello instar libremente sus requerimientos. Téngase, a su vez, en mente que los ciudadanos en muchos casos están verdaderamente obligados a realizar declaraciones o suministrar información necesaria al Registro del Estado Civil y para que tal deber sea cumplido de forma eficiente –más allá de la intimidación a través de sanciones administrativas[230]– se requiere informar a la colectividad del contenido de dichos deberes y facilitarle la interacción con la Administración.

3.1.5. Unicidad

En este caso, lo que la Ley Orgánica de Registro Civil denomina «principio de unicidad» se corresponde como el carácter de «centralizado» y, en consecuencia, demanda que el Sistema de archivo sea organizado en atención a cada individuo, ello implica que toda la información aplicable a un sujeto se encuentre entrelazada a su expediente personal electrónico.

---

[230] *Vid*. artículo 158 de la Ley Orgánica de Registro Civil.

Artículo 10.- Principio de unicidad. Cada asiento en el Registro Civil corresponde a una persona y tiene características propias de su identidad. Solo debe existir un expediente civil por persona.

Como se indicó *supra*, se es de la opinión que en realidad se está al frente de una característica del modelo registral instituido por medio de la Ley Orgánica de Registro Civil[231]. Así pues, lo que se persigue es sistematizar la información partiendo del elemento clave del Sistema que es el individuo, es decir, la creación de una organización registral que ponga énfasis en la persona y que, en tal sentido, la información se aglutine alrededor de ella. Todo lo descrito se relaciona, como se advirtió anteriormente, con el principio general de la dignidad humana y, en verdad, todo el modelo descansa en la referida proposición general.

3.1.6. Fe pública

La fe pública se refiere al valor probatorio que poseen los documentos emanados del Registro del Estado Civil[232]. Al respecto señala la Ley Orgánica de Registro Civil lo siguiente:

---

[231] Comenta LÓPEZ SÁNCHEZ: ob. cit. («Los derechos de las personas...»), p. 264, refiriéndose al modelo español de la Ley 20/2011, «el Registro Civil se configura como una base de datos única que garantiza la unidad, la confidencialidad, la seguridad de la información y la eficacia en la gestión».

[232] Indica LUCES GIL: ob. cit. (*Derecho Registral...*), pp. 25 y 26, que la que él denomina publicidad material «regula cuidadosamente el valor probatorio de cada tipo de asiento, robusteciéndose notablemente el de las inscripciones, que se convierte en auténticos títulos de legitimación (...) son un medio de prueba privilegiado y exclusivo del estado civil, que goza de una presunción de exactitud, que solo puede desvirtuarse obteniendo su rectificación por los procedimientos adecuados». Ciertamente, afirman ARRIBAS ATIENZA y CARCELLER FABREGAT: ob. cit. (*Curso práctico...*), p. 28, «Las garantías con que se regula el acceso al registro de los hechos inscribibles permiten atribuir a la inscripciones una eficacia probatoria privilegiada. Los hechos inscritos gozan de una presunción de exactitud y legalidad que no puede ser combatida por los medios ordinarios de prueba, entre tanto no se obtenga la rectificación del asiento registral a través del procedimiento adecuado».

Artículo 11.- Principio de fe pública. Los registradores o registradoras civiles confieren fe pública a todas las actuaciones, declaraciones y certificaciones, que con tal carácter autoricen, otorgándole eficacia y pleno valor probatorio.

Antes de aclarar en qué consiste este dispositivo, es importante tener en cuenta que no debe confundirse el hecho o acto del estado civil en sí, con la prueba a través de la inscripción en el Registro, ya que son cosas distintas[233]. Así, mientras el nacimiento vivo ocurre en el momento que la madre expulsa el feto del claustro materno y este manifiesta algún signo vital, su asiento puede ocurrir mucho después –aunque lo deseable es que se practique inmediatamente–. La radical diferencia sería que una vez registrado el nacimiento a través de la emisión por el registrador del acta respectiva se facilita la prueba de dicho acontecimiento, ya que se poseerá una prueba preconstituida con cierto valor. Pero ello no quiere decir, que la referida inscripción determine la existencia de la persona, el registro es totalmente irrelevante para su consideración como sujeto de derecho, mas sí es esencial para patrocinar una adecuada protección de los derechos fundamentales, lo cual, en definitiva, es otro asunto.

En tal sentido, una primera distinción que debe realizarse en Derecho es la que separa entre documentos públicos y privados, ambos tienen como finalidad el servir de instrumentos probatorios de las situaciones jurídicas constatadas

---

[233] DÍEZ-PICAZO y GULLÓN: ob. cit. (*Instituciones de Derecho...*), p. 203, expresan que el Registro Civil se organiza «para la constatación solemne y pública del estado civil. Se preconstituye así su prueba y sirve de título de legitimación, es decir, habilita para el ejercicio de las facultades que forman el correspondiente estado». Ciertamente, como señala LUCES GIL: ob. cit. (*Derecho Registral...*), p. 16, «el estado civil requiere un título legitimador que evite las dificultades prácticas de determinar y probar en cada caso las cualidades o situaciones del estado civil de una persona, es decir, la justificación concreta de la adquisición de un determinado estado civil». De allí que WILLS RIVERA, Lourdes: «Publicidad registral en los actos familiares». En: *Derecho de Familia y registro de la propiedad*. Centro de Estudios Registrales. Madrid, 2001, p. 107, exprese en relación con la actividad del Registro Inmobiliario, pero extensible al Registro del Estado Civil: «En la generalidad de los casos, la inscripción del documento en el Registro es declarativa, en el sentido de que imprime publicidad a un acto previamente celebrado fuera del ámbito de la Oficina de Registro».

por el documento; la discrepancia estriba en que la escritura pública certifica que «el acto realmente se dictó, que fue otorgado en la fecha y lugar que expresa y por el funcionario que señala, quien además lo firmó»[234]. Por su parte, para el documento privado no se puede sostener con certeza que el mismo emane siquiera de sus supuestos suscriptores, ello tendrá que probarlo el interesado así como la veracidad de su contenido. Por tanto, la diferencia reside en la fuerza probatoria, que es mayor en los documentos públicos (artículo 1357 del Código Civil).

Otro aspecto, es la «fe pública». Con tal expresión se quiere significar que sobre los documentos públicos se puede extender una certeza no solamente de sus condiciones de emanación como instrumento destinado a probar determinada situación, sino además sobre la existencia de ciertos hechos o actos que el funcionario constata al momento de su otorgamiento y que la ley licencia para ser verificados y certificados a través del instrumento en cuestión[235]. Lo descrito se deduce del Código Civil que en su artículo 1359, señala:

> El instrumento público hace plena fe, así entre las partes como respecto de terceros, mientras no sea declarado falso: 1. De los hechos jurídicos que el funcionario público declara haber efectuado, si tenía facultad para efectuarlos; 2. de los hechos jurídicos que el funcionario público declara haber visto u oído, siempre que este facultado para hacerlos constar[236].

---

[234] GORDILLO: ob. cit. (*Tratado de Derecho...*), p. VII-4.
[235] Comentan PAURICI y ZADOFF, la fe registral «establece que los asientos o inscripciones, gozan de una presunción de veracidad que se mantiene hasta tanto no se demuestre la discrepancia entre el Registro y la realidad, imponiendo como presunción *juris tantum*, la credibilidad del Registro», citado en YANES: ob. cit. (*El registro inmobiliario...*), pp. 58 y 59. Lo descrito, para CRETELLA JUNIOR: art. cit. («Los principios fundamentales...»), p. 472, es una consecuencia del principio de presunción de verdad, pues, a su entender, «La Administración no miente, no informa erróneamente, no induce a yerro. La buena fe caracteriza los refrendos, vistos y certificados otorgados por los agentes del Poder Público».
[236] Este principio es universal en materia registral, para el caso del Registro Público o Inmobiliario es mucho más amplio en sus efectos, URDANETA FONTIVEROS: ob. cit. (*Estudio de Derecho...*), p. 62, describe una nota común «los asientos del Registro se presumen exactos mientras no se demuestre lo contrario, la ley presume *iuris tantum*

Un ejemplo puede ayudar a ilustrar el asunto: en la hipótesis de la celebración del matrimonio, acto que es documentado a través del acta respectiva por el funcionario de Registro del Estado Civil; al ser un documento público el registrador certifica su firma, la fecha y lugar de celebración, pero además que los contrayentes expresaron, a viva voz, su consentimiento de tomarse como esposos, teniendo todos estos datos fe pública. Pero puede ocurrir que en el mismo acto los contrayentes manifiesten que poseen en copropiedad un determinado inmueble, sobre tales expresiones –si fueran recogidas en el acta de matrimonio– que son extrañas al acto en sí, no puede extenderse la fe pública sobre su veracidad o no; en todo caso, tal indicación puede corroborarse con el documento público donde conste la transmisión de la propiedad en cuestión, pero lo importante es comprender que la referida afirmación no está arropada con la fe pública.

Entonces, es la propia Ley Orgánica de Registro Civil, la que en el artículo 77, califica las actas como documentos públicos o auténticos y, en el artículo 11, destaca que las actuaciones del registrador tienen fe pública y ello no solamente se aplica a los documentos físicos, sino a los digitales (artículo 47 *eiusdem*). De lo anterior se colige que la antigua doctrina sostenga: «La prueba más legítima en las cuestiones de estado es la que se desprende de los registros públicos. Este principio es una especie de Derecho de gentes común a todas las naciones civilizadas»[237]. Se puede afirmar que el beneficio que proporciona esta institución ha originado que el legislador la dote del mayor valor probatorio, es decir, del que producen los documentos públicos, como es la de tener eficacia de instrumento con fe pública[238]. Ello no implica que

---

que los derechos inscritos existen y pertenecen a quien aparece como tal según el Registro». En palabras de DOMÍNGUEZ GUILLÉN: ob. cit. (*Manual de Derecho Civil I...*), p. 261, «al funcionario no le consta todos los hechos referidos en el acta: él puede dar fe únicamente de lo que le consta y solo ello presenta el carácter de auténtico (...) De allí que la impugnación del acta precisa distinguir las declaraciones del funcionario de las que no lo son, solo las primeras son atacables mediante tacha».

[237] PORTALIS, Jean Etienne Marie: *Discurso preliminar al Código Civil francés*. Civitas. Trad. I. CREMADES y L. GUTIÉRREZ-MASSON. Madrid, 1997, p. 80.

[238] GRATERÓN GARRIDO, Mary Sol: *Derecho Civil I – personas*. USM. Caracas, 2007, p. 115, comenta: «Las actas del estado civil, son documentos auténticos pues son

sea la única forma de probar los hechos y actos del estado civil y menos que no se pueda atacar o desvirtuar su valor a través de otros medios específicos, como los que desarrolla la Ley Orgánica de Registro Civil en su Título IV, Capítulo X[239].

Ahora bien, sobre el asunto de la naturaleza jurídica de la referida norma se opina que la misma es una regla jurídica que disciplina el valor probatorio de los instrumentos que conforman el Registro del Estado Civil, estableciendo un carácter que se suele atribuir a la actividad registral y notarial en general[240] y que persigue robustecer la utilidad demostrativa que poseen los acontecimientos inscritos en el Registro, en comparación con otros medios de prueba, y con ello claramente se anhela que los ciudadanos, interesados y entes se sientan motivados a informar todos aquellos hechos y actos que son relevantes para el catastro civil. Por tanto, no se cree que en realidad sea un principio sectorial, en los términos que se expuestos en el capítulo I de este trabajo.

Lo expuesto no es un obstáculo para que se pondere que la referida regla jurídica representa un desarrollo y, por lo tanto, posea fundamento en el principio general de la buena fe, ya que lo que en sustancia reitera la norma es que las personas deben confiar que la información que se encuentra inscrita en el

---

autorizados por funcionarios públicos comisionados por la Ley para levantarlas». PEÑARANDA QUINTERO, Héctor: *Análisis descriptivo de la Ley Orgánica de Registro Civil en Venezuela*. 2ª, LUZ. Maracaibo, 2011, p. 27, indica: «La importancia del Registro Civil radica en el hecho de que sirve como fuente de información sobre el estado de las personas, suministrando medios probatorios de fácil obtención para la prueba del estado civil de las personas, evitando la necesidad de recurrir a pesquisas o pruebas de dudoso valor».

[239] HUNG VAILLANT: ob. cit. (*Derecho Civil I*), p. 169, «El valor probatorio –carácter de prueba auténtica– antes señalado, puede ser destruido mediante un procedimiento denominado 'tacha de falsedad de documento'. Esta vía de eliminación o destrucción del valor probatorio de la partida, solo es procedente en los supuestos taxativamente señalados en la Ley (artículo 1380 del Código Civil) y se tramita conforme a un procedimiento especial y riguroso previsto en el Código de Procedimiento Civil (artículos 438 a 443)».

[240] URDANETA FONTIVEROS: ob. cit. (*Estudio de Derecho...*), p. 16, comenta: «la fe pública constituye una verdadera institución jurídica».

Registro del Estado Civil se corresponde con la realidad de los hechos o actos ocurridos, ya que el funcionario no tiene interés en falsear los datos asentados y por ello él actúa de buena fe.

3.1.7. Primacía

Con la intención de fortalecer el valor práctico que posee el Registro del Estado Civil en la dinámica social, el legislador concibió que el modelo diseñado tenga una jerarquía probatoria –en materia de estado civil– con relación a otros tipos de prueba. Específicamente indicó:

> Artículo 12.- Principio de primacía. Los datos contenidos en el Registro Civil prevalecerán con relación a la información contenida en otros registros. A tal efecto, las actas del Registro Civil constituyen plena prueba del estado civil de las personas.

La norma jurídica objeto de análisis no hace más que ratificar el carácter especialísimo que posee el Registro del Estado Civil y, en atención a ello, debe privar sobre cualquier otra forma de demostrar el estado de una persona[241].

Su utilidad se observa cuando existen distorsiones en determinado dato civil al cotejarlo entre diversos documentos públicos y así poder saber cuál de ellos determina el verdadero estado civil de un individuo. Valga un ejemplo para esclarecer la relevancia actual de dicha norma jurídica: como se sabe, la cédula de identidad tiene un vigencia de 10 años y puede ocurrir que posterior

---

[241] En materia de Registro Inmobiliario se conoce el «principio de prioridad» y es definido por URDANETA FONTIVEROS: ob. cit. (*Estudio de Derecho...*), p. 32, «como el principio en virtud del cual los títulos o derechos que acceden al Registro prevalecen en caso de conflicto frente a los títulos o derechos que no han accedido al mismo o sobre los que han accedido con posterioridad», obviamente tal principio posee en materia de Registro Civil una aplicación concreta dada por su naturaleza, pero igualmente desde el punto de vista probatorio las actas del Registro Civil prevalecen a otros documentos en relación con la prueba del estado civil. Comentan ARRIBAS ATIENZA y CARCELLER FABREGAT: ob. cit. (*Curso práctico...*), p. 75, «el Registro constituye el medio ordinario de prueba del estado civil, pero que no tiene esta función atribuida en monopolio».

a su emisión su titular contraiga matrimonio y que no se encuentre actualizada la referida cédula de identidad indicando como estado familiar de pareja el de «soltero», no obstante, se posea la respectiva acta de matrimonio donde se evidencia que el estado en referencia corresponde realmente a de «casado»; el punto es que, aunque la norma objeto de análisis determina que debe privar el acta de matrimonio para probar dicho estado civil, se observa en la práctica desviaciones en algunos funcionarios que solo reconocen el estado civil que indica la cédula de identidad, cuando es claro que el acta de matrimonio es el documento idóneo para probar el estado civil de casado y que por lo demás priva sobre cualquier otro instrumento, en dicho asunto.

Entonces, se cree que la referida norma jurídica va a coadyuvar a fortalecer el valor probatorio del Registro del Estado Civil y que en tal sentido sus inscripciones sean ponderadas en su justo mérito, teniendo incluso jerarquía sobre otros documentos dentro del campo de su especialidad.

Por último, la referida disposición no representa un principio sectorial del Registro del Estado Civil, sino es una regla jurídica que desarrolla el criterio de especialidad en la aplicación e interpretación del Derecho, en concordancia con lo dispuesto como regla de interpretación en el artículo 14 del Código Civil.

3.1.8. *Igualdad y no discriminación*

Aquí el legislador siguió una tendencia generalizada de resaltar el valor que posee un principio general como el de la igualdad[242]. Específicamente indica:

> Artículo 14.- Principio de igualdad y no discriminación. Los registradores o registradoras civiles prestarán el servicio a toda la población sin distinción o discriminación alguna. Para los pueblos y comunidades indígenas se respetará su identidad cultural, atendiendo a sus costumbres y tradiciones ancestrales.

---

[242] *Vid*. artículo 21 de la Constitución; artículo 2 de la Convención sobre los Derechos del Niño; artículo 3 de la Ley Orgánica para la Protección de Niños, Niñas y Adolescentes; artículo 5 de la Ley para Protección de las Familias, la Maternidad y la Paternidad, entre otros.

Como se indicó *supra*, la igualdad es un principio cardinal de todo el ordenamiento jurídico que obviamente también opera en materia de Registro del Estado Civil, de allí que las particularidades de la actividad registral, originen que se acentúe su aplicación. Por otra parte, la norma aquí examinada carece de información adicional a la señalada por ejemplo en la norma constitucional, que es definitivamente más completa. Solo efectúa una especificación en relación con los pueblos y comunidades indígenas, lo cual se relaciona con la prohibición de «discriminaciones fundadas en la raza».

Efectivamente, se puede sostener que si la anterior disposición hubiese sido omitida el principio de igualdad, indistintamente se deduciría del texto de la Ley Orgánica de Registro Civil, ya que diversas normas hacen referencia a su postulado esencial. Así, por ejemplo, la norma que regula la asignación de nombre civil de los niños abandonados está pensada en evitar discriminaciones en razón al origen (artículo 91); igualmente la exigencia de que el contenido del acta de nacimiento no contenga la información referente al estado civil de los progenitores (artículo 93)[243]; por su parte, en la celebración del matrimonio se pone especial énfasis en destacar que ambos consortes poseen equivalentes derechos, situación que el funcionario informará a los contrayentes leyéndoles en la celebración las disposiciones respectivas (artículo 108); la regulación de un mecanismo especial para las personas con discapacidad visual o auditiva para contraer matrimonio y así evitar cualquier discriminación (artículo 104); algunos datos del acta de declaración de unión estable de hecho están conceptualizados de forma similar al matrimonio, entendiendo que en el fondo son situaciones que deben ser similares en muchos aspectos y de allí su equiparación (artículo 120).

En lo tocante al respeto de la «identidad étnica y cultural, cosmovisión» de los pueblos y comunidades indígenas, la Ley Orgánica hace alusión a ello en

---

[243] También en la Ley 20/2011 de España, además de indicar a la igualdad como un derecho de las personas en relación con el Registro Civil, lo desarrolla en sus disposiciones, *cfr*. LÓPEZ SÁNCHEZ: ob. cit. («Los derechos de las personas...»), pp. 282 y ss. que lo observa, por ejemplo, en el orden de los apellidos o en la supresión de cualquier distinción entre formas de establecer la filiación.

varias normas, tales como aquellas que enumeran los hechos o actos registrables (artículo 3 N° 10), indicando tal circunstancia como un elemento a exteriorizar en las actas del Registro Civil (artículo 81 N° 11), en especial a través de la inscripción de nacimiento[244], incluyendo un trámite concreto cuando es extemporánea (artículos 88 y 93 N° 9), también alude a la participación del ministerio con dicha competencia conformando el Sistema de Registro Civil (artículo 18 N° 5), y establece como obligatorio el uso de los idiomas indígenas en el registro físico o digital, incluyendo el portal electrónico (artículos 63 y 80)[245].

Como se observa, el principio de igualdad es un elemento que influye en todo el modelo y debe ser ponderado a la hora de interpretar las disposiciones que contiene la Ley Orgánica de Registro Civil.

3.1.9. *Principio de interpretación y aplicación preferente*

Este principio también conocido como *in dubio pro homine*, tiene la intención de enfatizar que en la interpretación y aplicación de las normas contenidas en la Ley Orgánica de Registro Civil debe prevalecer siempre aquella que garantice de forma más amplia la efectividad de los derechos humanos de los ciudadanos[246]. Expresamente dispone la Ley:

---

[244] *Vid*. Ley Orgánica de Identificación de 2014 (artículos 10, 11 y 12) y Reglamento de la Ley Orgánica de Identificación para la Identificación de los Indígenas, *Gaceta Oficial de la República Bolivariana de Venezuela* N° 37817, del 13-11-03. *Cfr*. PÁRRAGA DE ESPARZA, Marisela: «Reglamento de la Ley Orgánica de Identificación para la Identificación de los Indígenas». En: *Cuestiones Jurídicas*. Vol. I, N° 1. Universidad Rafael Urdaneta. Maracaibo, 2007, pp. 133 y ss.

[245] *Vid*. BELANDRIA GARCÍA, José Rafael: «El castellano como idioma oficial y los idiomas autóctonos (a propósito de la regulación de la Ley de Idiomas Indígenas)». En: *Revista de Derecho Público*. N° 134. Editorial Jurídica Venezolana. Caracas, 2013, pp. 79 y ss. LÓPEZ SÁNCHEZ: ob. cit. («Los derechos de las personas…»), pp. 301 y 302, explica: «El respeto al plurilingüismo significa que cualquier inscripción conlleva que, en las Comunidades Autónomas con lengua propia, los impresos, los sellos o los programas informáticos puedan realizarse en cada una de las lenguas oficiales, pues solo así estaremos situando todas las lenguas en un plano real de igualdad y se garantizarán por igual los derechos lingüísticos de los ciudadanos».

[246] *Vid*. TSJ/SC, sent. N° 1757, del 22-12-12, donde se define de la siguiente forma: «el *principio pro homine* funciona así como un criterio hermenéutico que exige una

Artículo 15.- Principio de interpretación y aplicación preferente. En caso de dudas en la interpretación y aplicación de esta Ley se preferirá aquella que beneficie la protección de los derechos humanos de las personas.

Vinculado estrechamente con este postulado fundamental, se encuentra el artículo 2 N° 1 de la Ley Orgánica que señala que el texto persigue «Asegurar los derechos humanos a la identidad biológica y la identificación de todas las personas».

La importancia del presente postulado básico se ubica en que constantemente van a existir interpretaciones diversas y al mismo tiempo «posibles», al poseer argumentos jurídicos que las apoyen y, sin embargo, el intérprete –llámense juez, administración u operador jurídico– debe seleccionar una opción y para decantarse debe preferir aquella que de forma meridiana sea más compatible con los derechos del ciudadano, que a fin de cuenta es el débil jurídico[247].

Lamentándolo mucho, ello, aunque es cristalino hoy en día, no siempre ha ocurrido, en parte por un positivismo exasperado o un formulismo que raya en el absurdo, los ejemplos son abundantes en diversas materias y todo esto ha originado que el referido principio tenga un desarrollo especial en diversos sectores, a saber, el *in dubio pro reo*, que se aplica en materia penal; el *in dubio pro operario* en el área laboral, o *in dubio pro filii* en temas de filiación y que tiene un desarrollo más adecuado a través del principio del interés superior del niño.

En primer término, hay que recalcar que toda norma jurídica, ya sea que se exprese a través de una regla o principio, tiene un claro soporte en la dignidad

---

interpretación a favor de las personas y comporta la necesidad de acudir a la norma más amplia o realizar la interpretación más extensiva hacia la condición humana y plantea que ante una posible antinomia entre normas jurídicas, deba aplicarse aquella que presente un mayor beneficio al individuo».

[247] Así, Lois Estévez afirmaba «en el caso de que un precepto sea susceptible de interpretaciones diversas, el juez tiene el deber de aplicar la que sea más conforme con la justicia», citado en Castán Tobeñas: ob. cit. (*Teoría de la aplicación...*), p. 243.

humana, ello debido a que, como se recordará, la dignidad es un valor fundamental del ordenamiento e incluso se identifica, por un sector de la doctrina, como el principio superior. Es el caso de este principio sectorial que posee una marcada relación con la dignidad humana.

Así pues, el principio *in dubio pro*, postula que la conducta regida por dicho postulado debe desarrollarse e interpretarse siempre conforme a lo que más beneficie al débil jurídico. En efecto, cuando se hace referencia a los derechos fundamentales se habla de *in dubio pro homine*, y lo que se desea subrayar es que las interpretaciones de las normas jurídicas que se refieren a derechos humanos se efectúe bajo el prisma de beneficiar preferentemente la tutela de los mismos. Efectivamente, ello ocurriría cuando se interpretan las normas a favor del ejercicio de los derechos, o para los casos en que se impongan restricciones, exigiendo que las mismas sean expresas, objetivas y razonables; también, se debe entender que no se requiere para la efectividad y vigencia de los derechos fundamentales su desarrollo legislativo, pues aunque ello sea lo deseable no debe transformarse la omisión en una limitación de las referidas facultades, entre otros efectos que se deducen del mencionado principio sectorial.

Lo anterior tiene una relación con la dignidad humana, ya que dichas consecuencias jurídicas se establecen justamente en razón que se parte de que favorecer el ejercicio de los derechos inherente a la persona conllevaría al pleno respeto de la dignidad que ella posee. Siendo que la dignidad no puede depender de los vaivenes de la técnica o del desarrollo legislativo, de requerirse una limitación de determinada facultad, la misma debe necesariamente ser expresa y cónsona con criterios de objetividad y razonabilidad. Así pues, ante la duda en la interpretación de los derechos fundamentales siempre debe privilegiarse aquella tesis que se acentúe en el ser humano.

3.2. Principios implícitos del Registro del Estado Civil

Además de los anteriores «principios» que enuncia la Ley Orgánica de Registro Civil como tales, se pueden extraer de su articulado otros postulados –en este caso implícitos– que fungen como principios sectoriales[248], los cuales se van a comentar de seguida:

3.2.1. Gratuidad

Desde el punto de vista histórico el Código Civil de 1916, establecía tímidamente el carácter gratuito de las actuaciones atinentes al Registro de los actos que afectan el estado civil, principio que fue ratificado en el Código de 1922 y reproducido en el artículo 521 del Código Civil de 1942 que indicaba concretamente: «Todos los actos del estado civil quedan exentos de papel sellado y estampillas y de cualquier otro impuesto o retribución»[249].

La gratuidad de la inscripción de nacimiento en el Registro del Estado Civil es un principio elevado a carácter supremo por el artículo 56 de la Carta Magna, en concordancia con los artículos 18 y 21 de la Ley Orgánica para la Protección

---

[248] Recuérdese que, como lo subraya CASSAGNE: art. cit. («Los principios generales...»), pp. 11 y 12, «su vigencia como fuente no depende de su recepción formal por el ordenamiento positivo, puesto que constituyen el fundamento de las demás fuentes del Derecho. Por tanto, los principios generales del Derecho, aun los no legislados, tienen primacía tanto sobre las normas legales y reglamentarias, como sobre la costumbre y la jurisprudencia».

[249] Vid. artículo 71 del Código Civil. Incluso este principio en materia de matrimonio data del Código Civil de 1873. Vid. Código Civil de Venezuela artículos 66 al 95. 2ª, UCV. Alida TOSTA ROJAS et alter, relatores. Caracas, 1993, p. 137. Cfr. DOMINICI: ob. cit. (Comentarios al Código...), t. I, p. 158, expone: «Poner estas diligencias al alcance de todos es el objeto de esa gratuidad. La sociedad se interesa en que los actos del estado civil se efectúen con prontitud, regularidad y sin ningún gravamen». Por su parte, la Ley 20/2011, del Registro Civil de España, retrocede en este punto al establecer en su Disposición Final Quinta, que «Los Ayuntamientos podrán establecer una tasa por la instrucción y tramitación de los expedientes matrimoniales en forma civil y por la celebración de los mismos». Sobre este aspecto recuerda GALLEGO MIRÓ, José Juan: «Reforma del Registro Civil». En: Món jurídic. Nº 291. Il lustre Col·legi d'Advocats de Barcelona. Barcelona, 2014, p. 15, que ello puede contradecir el artículo 16 de la Declaración Universal de los Derechos Humanos. En efecto señalaban ARRIBAS ATIENZA y CARCELLER FABREGAT: ob. cit. (Curso práctico...), p. 28, que «Conforme a la Ley 25/1986, de 24 de diciembre, de supresión de las tasas judiciales (...) debe entenderse un sistema de gratuidad total para todas las actuaciones del Registro Civil».

de Niños, Niñas y Adolescentes[250]. En este orden la Ley Orgánica de Registro Civil ratifica la gratuidad en su artículo 5, de allí que al ser un «Servicio público esencial» su gratuidad se exige para que las condiciones económicas de los particulares no influyan negativamente en las obligaciones de inscribir los diversos hechos y actos que afecten al estado civil[251].

Lo dicho, por demás, se encuentra en perfecta conexión con el principio de igualdad, ello motivado a que la carencia de medios económicos no debe afectar el que todos los ciudadanos puedan contar con las mismas garantías y, entre estas, con la debida inscripción de los hechos y actos del estado civil que le son de interés para ejercer determinadas facultades.

En la práctica, dicho principio no se cumple en su totalidad, salvo en materia de Derecho de la Niñez y Adolescencia. Febres Cordero reseña que si bien «No se utiliza papel sellado ni estampillas en la inscripción de los actos del Registro Civil (…) No ocurre lo mismo en las certificaciones solicitadas por personas mayores de edad»[252]. Así en los Registros Principales se sigue cobrando una tasa por los servicios de certificación y se exigen timbres fiscales[253]. No obstante lo que indica expresamente el denominado Reglamento de la Ley Orgánica de Registro Civil:

---

[250] Cabe destacar que el artículo 21 mencionado, fue derogado por la Ley Orgánica de Registro Civil (Disposición Transitoria Quinta). Así también, en materia de Derecho Minoril, la gratuidad es un principio extendido a todas las actuaciones donde se vean directamente inmiscuidos los intereses de los niños o adolescentes (artículo 9 de la Ley Orgánica para la Protección de Niños, Niñas y Adolescentes), ello con el claro objetivo «de garantizar el acceso universal de todos los niños y adolescentes al Sistema de Protección previsto en esta Ley», Exposición de motivos de la Ley de 1998. Vid. antecedentes en la Ley Tutelar de Menores artículos 1 N° 7, y 138.

[251] Obando Salazar: ob. cit. (*El Registro del Estado…*), p. 38, apunta: «El Registro Civil en sí es un servicio público que no solamente interesa a los particulares ni por éstos es utilizado únicamente; también interesa al Estado para distintos fines: fiscales, estadísticos, militares y otros más. Tal circunstancia explica que en forma general se haya admitido el principio de la gratitud de las inscripciones».

[252] Febres Cordero: ob. cit. (*El Registro del Estado…*), p. 179.

[253] Vid. Domínguez Guillén: ob. cit. (*Manual de Derecho Civil I…*), p. 246, cita entre la normativa dictada por el CNE la Resolución N° 080528-551, mediante la cual se exhorta a los alcaldes a cumplir con el principio de gratuidad del Registro Civil, *Gaceta Oficial de la República Bolivariana de Venezuela* N° 38945, del 04-07-08

Artículo 121.- Gratuidad de las certificaciones. Por tratarse de un servicio público esencial, la expedición de las copias certificadas de las actas del Registro Civil es gratuita, aplicándose los principios de racionalidad, economía, eficacia y proporcionalidad atendiendo las necesidades inmediatas de los usuarios y usuarias del servicio.

En fin, el principio de gratuidad es fundamental para que la actividad registral se cumpla de forma eficiente y para que el ciudadano pueda hacer uso del servicio sin sufrir obstáculos patrimoniales, recuérdese además que es de interés del Estado el conformar un Registro completo y confiable, para ello requiere de la participación activa de los órganos y entes que componen la Administración Pública y, fundamentalmente, de los ciudadanos.

3.2.2. Participación

Los hechos y actos que indica la Ley Orgánica de Registro Civil como objeto de inscripción por el Registro deben ser informados o comunicados por determinadas personas y entes involucrados a las oficinas o unidades respectivas para que se proceda a su archivo bajo las formalidades establecidas por el legislador (artículo 5). Ello involucra un deber de participar activamente en la conformación del archivo tanto del propio registrador como de los particulares y demás entes públicos.

La intervención de los particulares puede ser voluntaria, como por ejemplo, cuando informa al registrador sobre un hecho relevante para su inscripción: el nacimiento, o cuando participa en la elaboración de los asientos figurando como testigo instrumental; pero también, puede ser obligatoria, *verbi gratia* la declaración de la residencia[254].

–actualmente derogada–. En visita realizada al Registro Principal del estado Mérida –febrero del 2013– se verificó el flagrante incumplimiento a este principio, concretamente para la expedición de una certificación del acta de nacimiento correspondiente a un adulto se exige el pago de timbres fiscales y de una tasa por el servicio.

[254] *Cfr.* URDANETA FONTIVEROS: ob. cit. (*Estudio de Derecho...*), p. 26, «La inscripción es voluntaria cuando se deja a la libre determinación del interesado; en cambio, la inscripción obligatoria es aquella impuesta coactivamente dentro de un plazo legal, bajo

FEBRES CORDERO, al comentar el artículo 455 del Código Civil, deducía una obligación de participar a través de la remisión de información, al sostener que lo deben hacer los «funcionarios de cualquier orden, competentes para el caso, que hayan autorizado un acto jurídico, que se refiera a partidas constantes en los libros y que deban insertarse o anotarse en ellos»[255]. LUCES GIL señala que «en el ámbito del Derecho registral civil impera como norma general el 'principio de oficialidad', consecuencia lógica del carácter obligatorio que tiene la inscripción en el Registro Civil y del marcado interés público de esta institución»[256].

Como consecuencia de lo anterior, la Ley Orgánica de Registro Civil instituyó para algunos actores la obligación de participar notificando ciertos hechos o actos afectantes del estado civil al funcionario del Registro, a los fines que este cumpla con su archivo, *verbi gratia*: nacimiento (artículo 85), defunción (artículo 125, en correspondencia con el artículo 76 del Reglamento), residencia (artículo 139). Igualmente señaló la obligación de los entes y órganos de la Administración Pública, así como la de los tribunales de la República de informar sobre las actuaciones que desplieguen y de las cuales se deduzcan hechos y actos constitutivos o modificativos del estado civil, tales como por ejemplo: los casos donde intervengan como funcionarios accidentales en materia de Registro Civil (artículos 78, 99, 113 y 137, en concordancia con los artículos 60, 61 y 63 del Reglamento), o cuando los funcionarios tengan conocimientos por sus competencias de los referidos hechos o actos (artículos 102, 132, 133 y 152, en sintonía con los artículos 8 N°s 4 y 5; 51, 52, 54, 73, 78 y 80 del Reglamento), también las decisiones judiciales referentes directamente al estado civil deberán ser remitidas para su asiento (artículos 119, 138 y 152, en conexión con los artículos 41, 64, 68, 74, 75, 82, 84, 85 y 86 del Reglamento).

---

sanción». Al respecto comentan ARRIBAS ATIENZA y CARCELLER FABREGAT: ob. cit. (*Curso práctico…*), p. 26, que «en el ámbito del Derecho registral civil impera como norma general el principio de oficialidad, consecuencia lógica del carácter obligatorio que tiene la inscripción en el Registro Civil».

[255] FEBRES CORDERO: ob. cit. (*El Registro del Estado…*), p. 42.
[256] LUCES GIL: ob. cit. (*Derecho Registral…*), p. 39.

Para garantizar el cumplimiento de los anteriores deberes, la Ley Orgánica de Registro Civil, en su artículo 158, tipifica como contravención administrativa la omisión de declarar –salvo el nacimiento–, o de efectuar las remisiones establecidas en la normativa legal. La sanción reside en una multa de 10 a 20 Unidades Tributarias.

Como se observa, tal principio sectorial se relaciona indirectamente con el principio general de buena fe, ya que otorga un valor preponderante en las declaraciones que efectúan los particulares y entes públicos, las cuales son incorporadas al Registro si cumplen con los requisitos exigidos. Pero, además, el principio de participación se fundamenta en valores como la solidaridad y la responsabilidad social, ya que lo que postula es que las personas en general deben contribuir para así facilitar el ejercicio de los derechos propios como de terceros, tal es el caso por ejemplo de la declaración de nacimiento. También este deber se exige al representar un compromiso colectivo de coadyuvar a la conformación de un Registro que sea completo y para ello se demanda el concurso nacional de la comunidad[257].

Este verdadera obligación debe tenerse presente como principio que es, a la hora de interpretar cuáles son los datos que se van a suministrar al Registro y, en especial, quienes deben cumplir con tal compromiso. Así, por ejemplo, unos de los principales obligados es la Administración Pública que constantemente ha de remitir al catastro la información que posea y que afecte al estado civil de los individuos para que este los inscriba. Ello, además, está muy relacionado con principios sectoriales de la Administración como el de colaboración entre los Poderes Públicos o el de la interoperatividad[258].

---

[257] *Vid*. artículos 2 y 132 de la Constitución.
[258] *Vid*. artículo 136 de la Constitución, véase Ley de Interoperabilidad.

Capítulo IV
Situaciones conflictivas en materia del Registro del Estado Civil y su solución de acuerdo con los principios sectoriales

En el presente apartado, se destacan algunas situaciones controversiales, ello en el entendido de que en la normativa que las rigen no se aprecia con sencillez y luminosidad una solución a dichos asuntos, que, sin embargo, a través de los principios generales del Derecho y de los principios sectoriales del Registro del Estado Civil, se pueden disipar en su aparente oscuridad por medio de una respuesta ajustada al ordenamiento jurídico.

Para tal fin, se han seleccionado varios supuestos que fueron brotando de la lectura de los instrumentos normativos, así como de la ponderación de la dinámica social, lo cual arrojó unos casos que demandaban soluciones congruentes con el modelo de Registro del Estado Civil que se patrocina y donde las respuestas no se encontraban explícitas en las reglas jurídicas de la Ley Orgánica de Registro Civil, lo que invita, en consecuencia, a recurrir a los principios como herramienta hermenéutica.

La intención de este apartado, se recuerda, es que el lector pueda apreciar con nitidez cómo los principios, antes tratados en profundidad, pueden ser perfectamente aplicables a la cotidianidad jurídica, corroborando su trascendencia dentro del mundo normativo y, a su vez, subrayando el carácter obligatorio de los mismos para los operadores jurídicos.

4.1. Modificación del nombre propio en caso de reasignación de sexo

Los temas vinculados a la orientación sexual han adquirido especial repercusión en la última década, de allí que incluso se identifiquen como un derecho fundamental vinculado a la libertad. Sin embargo, aunque se han conseguido avances, todavía existen muchos prejuicios que han impedido que se legisle, de alguna forma, sobre los institutos jurídicos asociados, como lo sería, entre otros aspectos: el derecho a que se reconozcan efectos jurídicos a la unión de parejas afectas al mismo sexo[259], establecimiento de filiación conjunta –recurriendo a inseminación artificial, vientres de alquiler o adopción[260]–, el derecho a la adecuación de la identidad de personas con «incongruencia de género» o transexuales[261], entre otros.

---

[259] Obsérvese que no se hace referencia directa al matrimonio o a la unión estable de hecho, figuras que, según el artículo 77 de la Constitución, están pensadas expresamente para ser conformadas por un hombre y una mujer. Por ello, se piensa que lo más ajustado, en términos constitucionales, sería una enmienda sobre el referido artículo o regular por vía legislativa un instituto que sin identificarse nominalmente con el matrimonio o la unión libre, norme toda la estructura que se requiere para el reconocimiento de derechos en los ámbitos: familiar, sucesoral, patrimonial, etcétera, así como cree una unión de pareja similar a las anteriores –en los aspectos medulares– aunque con sus propias particularidades que se deduzcan de criterios objetivos y racionales. En todo caso, a título anecdótico, la Sala Constitucional conoce actualmente de un recurso de nulidad del artículo 44 del Código Civil que se refiere a que «El matrimonio no puede contraerse sino entre un solo hombre y una sola mujer», http://www.tsj.gob.ve/-/tsj-examinara-demanda-contra-norma-que-establece-matrimonio-solo-entre-un-hombre-y-una-mujer, el cual tiene como evidente propósito lograr un matrimonio igualitario con independencia de la orientación sexual, más allá del hecho que el referido artículo esta reproducido prácticamente en el artículo 77 de la Constitución, se deberá esperar la decisión para saber qué criterio fijará la Sala Constitucional al respecto. Vasta añadir que, sobre tal procedimiento, un sector de la sociedad civil presentó escrito de oposición, vid. http://www.eluniversal.com/noticias/politica/accionan-ante-tsj-contra-matrimonio-igualitario-cambio-identidad_375993.

[260] Vid. TSJ/SC, sent. N° 1187, de 15-12-16, sobre «las familias homoparentales», en particular el voto disidente. Cfr. VARELA CÁCERES, Edison Lucio: «La última sentencia de la Sala Constitucional en materia de instituciones familiares: La familia homoparental». En: Revista Venezolana de Legislación y Jurisprudencia. N° 9. Caracas, 2017, pp. 225 y ss.

[261] Para el 2018 la Organización Mundial de la Salud definirá en la Clasificación Internacional de Enfermedades la transexualidad como: «una incongruencia marcada y persistente entre el género experimentado del individuo y el sexo asignado, que a menudo conduce a un deseo de 'transición' para vivir y ser aceptado como una persona del género experimentado a través del tratamiento hormonal, la cirugía u otras prestaciones sanitarias para alinear el cuerpo, tanto como se desee y en la medida de lo posible. El diagnóstico no puede asignarse antes del inicio de la pubertad. El comportamiento

Justamente, el último punto indicado es el que se desea analizar a continuación, ello por su relación con el Registro del Estado Civil y así poder ilustrar cómo a través de los principios examinados previamente se puede arribar a una solución sobre la procedencia o no del cambio de nombre propio por reasignación de «género». Ciertamente, se debe empezar por recordar que actualmente existe un trámite administrativo para el cambio de nombre propio (artículo 146 de la Ley Orgánica de Registro Civil), el cual en su proyecto inicial no estaba condicionado a una causal concreta por lo que podía incluirse la posibilidad de cambios motivados por distorsión con el «género»[262]. Sin embargo, las variaciones posteriores del Proyecto de Ley terminaron con una norma más restrictiva y con palpables fallas de técnica legislativa[263]. Por tanto, siendo completamente honesto la disposición actual de la Ley Orgánica de Registro Civil no se refiere con propiedad al supuesto bajo examen.

---

y las preferencias de género por sí solas no son una base para asignar el diagnóstico», vid. http://culturacolectiva.com/transexualidad-incongruencia-de-genero-oms/.

[262] Vid. *Informe para segunda discusión del proyecto de Ley Orgánica de Registro Civil*, Comisión Permanente de Política Interior, Justicia, Derechos Humanos y Garantías Constitucionales de la Asamblea Nacional, del 06-07-09, p. 77, «Artículo 148.- Toda persona mayor de edad podrá cambiar su nombre ante el registrador o registradora civil una sola vez…»; *Proyecto de Ley Orgánica de Registro Civil*, Oficina Nacional de Registro Civil del CNE, de octubre de 2007, p. 48, «Artículo 158.- Toda persona natural podrá cambiar su nombre propio sola una vez ante el registrador civil…»; *Proyecto de Ley Orgánica de Registro Civil*, Oficina Nacional de Registro Civil del CNE, de agosto de 2007, p. 45, «Artículo 159.- La rectificación de las actas en vía administrativas procederá a petición de parte interesada, cuando haya omisiones o errores materiales que no afecten el contenido de fondo del acta o cuando haya interés en cambiar sus nombres…».

[263] Vid. Varela Cáceres: art. cit. («El nombre civil…»), pp. 269 y 270, «no resuelve la Ley de manera expresa el tema, por demás polémico, de las modificaciones de nombre propio en caso de transexuales, se refiere en propiedad a la hipótesis de sujetos con un determinado sexo –sin discusión– donde el prenombre no se corresponde con el mismo. Sin embargo, de admitirse que el tratamiento de reasignación de género no es contrario a Derecho y una vez establecidos los requisitos y aspectos relevantes que deben condicionar tal proceso, se es de la opinión que lo más lógico sería adecuar la identidad legal al nuevo aspecto exterior de la persona y ello ocurriría a través de un cambio de nombre propio, en los términos del artículo en exégesis».

Por otra parte, antes de cualquier análisis del asunto debe tenerse en mente que se está haciendo referencia al derecho fundamental a la identidad, que demanda en sintonía un respeto a la dignidad humana como principio informador de todo el ordenamiento jurídico. Ciertamente, como se ha indicado en otra oportunidad[264], el transexualismo representa una incongruencia en la identidad que afecta la personalidad del sujeto afligido; ante dicha situación psíquica se recurre a una modificación de los órganos sexuales externos y de la apariencia física, con la evidente intención de adecuar el cuerpo a la identidad sexual-psicológica del individuo.

Tal procedimiento médico, hormonal y psicológico requiere además de un tratamiento jurídico, es decir, la adecuación de los documentos identificatorios, para que estos últimos indiquen una información acorde al cambio efectuado y así la identidad sexual que ahora posee mental y exteriormente el sujeto, coincida con la expresada en los documentos y demás registros legales[265].

La anterior situación no tiene una respuesta satisfactoria, o al menos expresa, en el Derecho patrio[266]. Si bien, la doctrina ha propuesto paliativos parciales, buscando garantizar una adecuación del sexo y nombre propio en el acta de nacimiento y como derivación en otros documentos de identidad, ello se ha perseguido a través de diversas alternativas como *verbi gratia*: el procedimiento

---

[264] VARELA CÁCERES: art. cit. («Derecho de Familia...»), pp. 92 y ss.
[265] *Vid.* DOMÍNGUEZ GUILLÉN, María Candelaria: «Algunas sentencias que declaran el cambio de sexo». En: *Revista de la Facultad de Ciencias Jurídicas y Políticas*. N° 130. UCV. Caracas, 2007, pp. 54 y ss., quien aclara que estos casos sobrepasa un cambio de nombre y afecta el disfrutar de una verdadera «identidad personal».
[266] Distinto es el caso, por ejemplo, de España, que, a través de Ley 3/2007, de 15 de marzo, reguladora de la rectificación registral de la mención relativa al sexo de las personas, regula esta situación, concretamente reconoce la Exposición de motivos: «... Se trata de una realidad social que requiere una respuesta del legislador, para que la inicial asignación registral del sexo y del nombre propio puedan ser modificadas, con la finalidad de garantizar el libre desarrollo de la personalidad y la dignidad de las personas cuya identidad de género no se corresponde con el sexo con el que inicialmente fueron inscritas».

de *habeas data*[267], la rectificación del actas del estado civil[268], también por medio de una acción autónoma que se gestione según el procedimiento de rectificación, entre otras. Las anteriores propuestas no se compadecen en totalidad con el tratamiento legal que debe tener este asunto, donde se reitera que no solo está en juego el tema de la seguridad jurídica en el tráfico y la emisión de documentos que en realidad identifiquen correctamente a las personas, sino algo mayor como es la dignidad humana y el respeto a los derechos a la identidad, desarrollo de la personalidad, intimidad e igualdad y no discriminación.

Por tanto, se demanda de una regulación especial que se pronuncie sobre los derechos en conflicto, es decir, que autorice en qué supuestos puede proceder las reasignaciones de género, supervise los protocolos médicos y regulen cuales serían los efectos jurídicos que se producirían sobre las relaciones familiares ya constituidas, como: matrimonio, unión estable de hecho o filiación[269].

---

[267] HENRÍQUEZ MAIONICA, Giancarlo: «El *habeas data* y el derecho de la persona con trastorno de identidad de género a obtener documentos relativos a su identidad biológica». En: *Revista de Derecho Constitucional*. N° 8. Editorial Sherwood. Caracas, 2003, p. 73, se pronuncian a favor del *habeas data*, como garantía que permita obtener la modificación del nombre y del sexo en los documentos de identidad para los transexuales. También, la profesora Tamara ADRIÁN, en el 2004 intentó un recurso de *habeas data* a los fines de que se procediera a autorizar por dicha vía un cambio de sexo y nombre en el supuesto de trasngénero, el cual fue admitido para su sustanciación, *vid*. TSJ/SC, sent. N° 10, del 01-03-16.

[268] SÁNCHEZ NOGUERA, Abdón: *Manual de procedimientos especiales*. Ediciones Paredes. Caracas, 2004, p. 466, parece acercarse a la posición que indica que el procedimiento regulado en el artículo 769 del Código de Procedimiento Civil, sería subsumible las pretensiones por cambios de sexo en el acta del Registro del Estado Civil.

[269] DOMÍNGUEZ GUILLÉN: art. cit. («Aproximación al estudio…»), pp. 107, 109 y 114, al examinar el asunto concluye: «El Derecho pudiera en tales casos excepcionales reconocer solo a nivel formal el cambio de sexo y nombre correspondiente del transexual, a los fines de adecuar sus dos facetas del derecho a la identidad»; sin embargo, aclara que de efectuarse posteriormente a la adecuación formal una unión matrimonial tal vínculo familiar «estaría viciado de nulidad absoluta en razón de no existir diversidad de sexo»; igualmente aprecia que en atención a «los derechos de terceros y del orden público, creemos que tal reconocimiento no debe concedérsele a personas con hijos».

Por ahora, la realidad del asunto es que actualmente no existen esas reglas que se requieren para solventar adecuadamente el problema social, corresponde entonces a los operadores jurídicos el echar mano a los principios generales del Derecho y a los sectoriales en materia de Registro del Estado Civil y así diseñar un mecanismo que al menos en materia de identidad resuelva el problema y reivindique los derechos humanos antes enunciados como plenamente vigentes.

Entonces, partiendo de que la Administración debe tener como vértice de sus actuaciones el servir eficientemente a los administrados, ya que es conceptualizada como una administración de servicio y que el transexualismo no está prohibido, sino únicamente existe un vacío en su regulación concreta a través de reglas jurídicas expresas, correspondería al funcionario del Registro Civil –tomando en cuenta que el Consejo Nacional Electoral como «órgano rector» también ha sido negligente en este asunto– resolver a través de un pronunciamiento de fondo la solicitud de cambio de nombre propio y de sexo en el acta de nacimiento y en las demás actas relacionadas.

Para ello, por lógica, deberá tramitarse el asunto aplicando el procedimiento más afín con la especialidad y este corresponde al diseñado para la modificación de nombre propio en los supuestos del artículo 146 de la Ley Orgánica de Registro Civil, es decir, a través del trámite ordinario de rectificación de actas por errores materiales en sede administrativa contenido en la Ley Orgánica de Registro Civil (artículos 147 y ss.)[270]. Obviamente hay que aclarar que no se está al frente de un caso de rectificación, pues el motivo de este trámite no

---

[270] En el caso español, comentaban Arribas Atienza y Carceller Fabregat: ob. cit. (*Curso práctico…*), p. 83, que en atención a la doctrina de la Dirección General de los Registros y del Notariado el «cambio de sexo como consecuencia de una intervención quirúrgica practicada a un transexual» no era procedente por rectificación administrativa, sino que «requiere una sentencia judicial», sin embargo, posteriormente se pasó a un trámite administrativo sustanciado por el encargado de Registro Civil (artículo 3 de la Ley 3/2007, reguladora de la rectificación registral de la mención relativa al sexo de las personas). Hoy en día, la Ley 20/2011 del Registro Civil ratificó la anterior fórmula y por ello son inscribibles los cambios de sexo según «Rectificación de los asientos por procedimiento registral» (artículos 4.4 y 91).

es corregir un error de fondo o material, sino el sustanciar una modificación permitida –o al menos no prohibida– y ello puede realizarse perfectamente por medio del mecanismo que el legislador dispuesto para un asunto similar como lo es el cambio de nombre propio, el que se remita a un trámite administrativo de rectificación es un tema de economía procesal, pero bien puede el legislador en un futuro crear un procedimiento particular[271].

Como todo supuesto de modificación de un asiento del Registro Civil –rectificación, cambio de nombre propio u otro– exige que se alegue y se pruebe un motivo legítimo (artículo 147 N° 3), aquí el solicitante deberá acreditar que se ha sometido a un tratamiento de reasignación de género y que ello obedeció a su condición de transexual[272].

---

[271] Por su parte, DOMÍNGUEZ GUILLÉN: ob. cit. (*Ensayos sobre capacidad...*), p. 601, es de la opinión que se está ante una modificación de «fondo» y por ello debería tramitarse a través del procedimiento de rectificación judicial (artículo 149 de la Ley Orgánica de Registro Civil). *Cfr.* GÜITE ANDRADE, Tomás Enrique: *El procedimiento de rectificación de partidas y nuevos actos del estado civil*. UCV. Trabajo especial de grado para optar al título de especialista en Derecho Procesal. Caracas, 2011, pp. 44 y 45, «... dentro de los supuestos de procedencia que dan lugar al procedimiento de rectificación de partidas y nuevos actos del estado civil de las personas naturales, establecido en los artículos 768 al 774 del Código de Procedimiento Civil, se debe incluir el cambio de nombre por cambio de sexo de la persona –problemática jurídica de la transexualidad–».

[272] Sobre este punto la Ley 3/2007 española, citada *supra*, establece: «Artículo 4.- Requisitos para acordar la rectificación. 1. La rectificación registral de la mención del sexo se acordará una vez que la persona solicitante acredite: a. Que le ha sido diagnosticada disforia de género. La acreditación del cumplimiento de este requisito se realizará mediante informe de médico o psicólogo clínico (...) y que deberá hacer referencia: i. A la existencia de disonancia entre el sexo morfológico o género fisiológico inicialmente inscrito y la identidad de género sentida por el solicitante o sexo psicosocial, así como la estabilidad y persistencia de esta disonancia. ii. A la ausencia de trastornos de personalidad que pudieran influir, de forma determinante, en la existencia de la disonancia reseñada en el punto anterior. b. Que ha sido tratada médicamente durante al menos dos años para acomodar sus características físicas a las correspondientes al sexo reclamado. La acreditación del cumplimiento de este requisito se efectuará mediante informe del médico (...) 2. No será necesario para la concesión de la rectificación registral de la mención del sexo de una persona que el tratamiento médico haya incluido cirugía de reasignación sexual. Los tratamientos médicos a los que se refiere la letra b. del apartado anterior no serán un requisito necesario para la concesión

El registrador, verificados los anteriores extremos, fundamentará su decisión en razón de los principios generales del Derecho, concretamente en el respeto de la dignidad humana, libertad e igualdad, además de la reivindicación al derecho a la identidad (artículo 2 N° 1 de la Ley Orgánica de Registro Civil), y al derecho «a obtener documentos públicos que comprueben su identidad» y que los datos que estos contengan no «fuesen erróneos o afectasen ilegítimamente sus derechos» discriminándolo en razón a su «sexo» (artículos 21 N° 1, 28, y 56 de la Constitución), todo ello en atención a los principios sectoriales del Registro del Estado Civil de eficacia administrativa, igualdad y no discriminación, e interpretación y aplicación preferente (artículos 7, 14 y 15 de la Ley Orgánica de Registro Civil).

Es evidente que en el caso puntual examinado el negar a un individuo transexual una solicitud de cambio de nombre propio y del dato de sexo en el acta de nacimiento del Registro Civil a través de una nota marginal, si la modificación física-sexual ya se ha ejecutado sería desatender los principios más elementales del ordenamiento jurídico y ello ocurriría únicamente en patrocinio de ideas prejuiciosas aunque se pretendan amparar en la seguridad jurídica o la legalidad formal[273].

---

de la rectificación registral cuando concurran razones de salud o edad que imposibiliten su seguimiento y se aporte certificación médica de tal circunstancia».

[273] En una decisión de la Cámara Nacional Civil de Buenos Aires (Sala E, 31-03-1989) se conoció en segunda instancia de una solicitud de rectificación de sexo y nombre en el acta de nacimiento en razón de transexualismo la cual fue negada; sin embargo, el magistrado Mario CALATAYUD en su voto disidente señaló lo siguiente: «Es que, una vez que el individuo ha logrado, previa operación, adecuar su anatomía con su sexo psicológico, sin lugar a dudas debe ayudársele a insertarse en la sociedad reconociendo legalmente su nuevo estatus, puesto que –reitero–, libre y voluntariamente ha elegido el difícil e irreversible camino que lo llevó a armonizar su apariencia física con su sentir interno. Lo contrario importaría tanto como marginarlo de la sociedad, ya sea en el orden laboral como en la simple realización de cualquiera de los variados trámites burocráticos en los que se le exija la presentación de su documento de identidad, situación en verdad injusta», *vid.* extracto de la decisión en: *Derecho de Familia, Revista Interdisciplinaria de Doctrina y Jurisprudencia.* N° 3. Abeledo-Perrot. Buenos Aires, 1990, pp. 114 y ss.

Como se ha expuesto a lo largo de este trabajo, la idea transformadora del nuevo modelo de Registro del Estado Civil está en colocar énfasis en el ser humano y en garantizar sus derechos a estar inscrito, a poseer datos de identidad que en verdad lo identifiquen, a poder contar con instrumentos de prueba sobre su estado civil que le permita actuar sin trabas en el mundo de relaciones y así ejercer los derechos ciudadanos y políticos que le corresponda[274].

Ciertamente, cuando se limitan tales facultades en un individuo obligándolo a identificarse con un nombre propio y con un sexo que no se corresponde con la esfinge que trasmite en su desarrollo social, se está actuando en contrasentido a lo que postulan derechos constitucionales que deben ser leídos de forma progresiva y con énfasis en la tutela del ser humano[275]. Por ello si existe un mecanismo que pueda perfectamente equipararse al caso particular del transexual, ¿cuál es la razón para no aplicarlo?, como un desarrollo a los principios generales del Derecho y de los derechos fundamentales enunciados, por qué caer en un formalismo que desconoce la realidad actual y merma con ello las reivindicaciones de los más vulnerables, que, en definitiva, son los transexuales, porque se ha querido obligarlos a vivir una mentira solo en razón de la negligencia del parlamento, del Consejo Nacional Electoral y del Estado en general, que no desean asumir su responsabilidad con seriedad y

---

[274] *Vid.* TSJ/SC, sent. N° 1757, del 22-12-12, «... el derecho a la identidad biológica es previo y fundamental para garantizar el derecho a la identidad legal, y el mismo reviste gran importancia en la vida de una persona, pues el conocimiento que tenga un individuo de este dato tan trascendental resulta esencial para su existencia, para su desarrollo integral, para su vida en familia y en sociedad, por ello, no cabe duda que constituye un derecho humano que ha sido establecido en los convenios de derechos humanos y en la Constitución, de allí que el Estado esté obligado a través de sus órganos administrativos y judiciales a garantizar de manera inmediata el ejercicio y disfrute de este derecho», lo que expone el fallo refiriéndose a la filiación es plenamente compatible con la situación del transexual que aquí se analiza; *vid.* TSJ/SC, sent. N° 901, del 27-06-12.

[275] Al respecto Lois Estévez: ob. cit. (*Proceso y forma...*), p. 11, comenta: «En ciencia jurídica la conducta injusta es conocida racionalmente aplicando el principio de no contradicción. Cuando una acto humano contradice la esencia de su propia finalidad es injusto, porque, al ser contradictorio consigo mismo, tiende a destruir o negar la tendencia de su actividad».

ciencia. Al final de cuenta, no se pide que se especule y que se fuercen las cosas, sino que se reconozcan los hechos y se empleen las normas jurídicas que protegen al individuo ante situaciones que agravian la esencia humana o decaen en actuaciones discriminatorias.

En otros términos, obligar a una persona a ser algo que no se adecua a lo que siente y vive, es negar su naturaleza de hombre y con ello se afrenta la dignidad humana. Exponer, sin justificación, a que un individuo explique por qué su nombre legal no se corresponde con el sexo que se deduce de su personalidad, conducta o apariencia es someterlo a condiciones que podrían originar discriminación, marginación o vulnerabilidad y que pueden devenir en maltrato o abuso que no se justifican si se adoptan medidas positivas para prevenirlas o erradicarlas.

Por demás, fines prácticos abogan por una solución en este tema ya que el negar la posibilidad de cambio, simplemente restringe la opción de que el Estado maneje un registros de los ciudadanos transexuales, cuando su existencia podría facilitar que se eviten fraudes en la identidad y daños a terceros, además de contar con datos confiables que permitan diseñar políticas públicas dirigidas a proteger a este sector vulnerable.

Ya para finalizar este punto, existe un elemento adicional que necesariamente debe ponderarse en el decurso del trámite de modificación de nombre propio y sexo, a través de una rectificación administrativa y es lo referido al derecho a la intimidad. Efectivamente, este asunto puede estar relacionado con la intimidad, es decir, con la protección de aquellos aspectos personales que el individuo mantiene de su vida en secreto o en absoluta reserva y que obviamente no se permite su descubrimiento o difusión, ya que podría producirse un daño ilegítimo.

En el caso de una persona que se ha sometido a un tratamiento de cambio de sexo y ahora desee su adecuación legal tiene todo el derecho constitucional (artículo 60) a mantener tal situación en reserva del interés de los inescrupulosos, por tanto el Registro del Estado Civil debe garantizar dicho derecho[276].

---

[276] Como comenta LÓPEZ SÁNCHEZ: ob. cit. («Los derechos de las personas...»), p. 281, «es necesario conciliar la publicidad del Registro con el derecho a la intimidad de las

Ahora bien, se ha sostenido que en el Registro del Estado Civil rige el principio de publicidad (artículo 6 de la Ley Orgánica de Registro Civil), pero además se ha añadido que el mismo no es absoluto, ya que de hecho y de derecho existen diversas limitaciones racionales y objetivas. Pues bien, una de ellas es «garantizar el derecho a la privacidad e intimidad de cada persona», lo cual ocurre, por ejemplo, cuando se reserva la información sobre la residencia (artículo 59 *eiusdem*). Por tanto, la publicidad según la propia Ley Orgánica de Registro Civil está limitada por lo que establece la Constitución, léase: por el derecho a la privacidad e intimidad.

En el presente caso, debe operar igual restricción y, en consecuencia, el acta mediante el cual se inscribe la rectificación del cambio de nombre de pila y sexo debe estar limitada en su acceso y solo estar disponible para el propio sujeto objeto de la inscripción y para las autoridades judiciales o administrativas que la requieran en atención a sus competencias[277]. Sobre el acta de nacimiento que se rectifique solo se emitirán certificaciones por medio de «extracto», es decir, incluirá únicamente los datos que no estén reservados, lo cual a través de un archivo automatizado y digital es en extremo simple programarlo para dicha posibilidad.

4.2. Determinación del orden de los apellidos

Las reglas jurídicas que rigen el establecimiento de los apellidos son de relativa novedad, fueron incorporadas con la reforma del Código Civil de 1982,

---

personas. Mientras que el Registro se ha creado para hacer público su contenido, la intimidad pretende mantener secreto aquello que es privado». *Cfr.* ARRIBAS ATIENZA y CARCELLER FABREGAT: ob. cit. (*Curso práctico...*), p. 59, destacan entre las restricciones a la publicidad formal «la rectificación de sexo».

[277] La Ley 3/2007 española, citada *supra*, garantiza la intimidad sobre este aspecto al indicar en su artículo 7, «No se dará publicidad sin autorización especial de la rectificación registral de la mención relativa al sexo de la persona», lo cual se encuentra en perfecta concordancia con la Ley 20/2011 (artículos 11 literal e; y 83 literal c).

antes de ello se aplicaba una costumbre jurídica[278]. Así, la reforma lo que realizó fue llenar un vacío de la ley, positivizando una norma consuetudinaria[279].

Lamentablemente, las implicaciones jurídicas de los apellidos, corresponde a esos temas que la doctrina patria no ha sabido atender con propiedad, existiendo solo referencias ligeras o genéricas sobre el asunto. Recuérdese que, además de su vinculación con la identidad, los apellidos permiten exteriorizar la filiación y ello tiene evidentes conexiones con otros institutos: herencia, nacionalidad, incompatibilidades subjetivas, entre otros.

Entonces, de las normas del Código Civil se pueden extraer las pautas generales atinentes a la determinación de los apellidos, a saber:

i. El principio general es que los apellidos se originan de la filiación legalmente establecida. Sin embargo, se da una excepción en el caso de niño abandonado donde se desconozcan los progenitores, supuesto en el cual el funcionario del Registro le asignará dos apellidos (artículo 239, en conexión con el artículo 91 de la Ley Orgánica de Registro Civil)[280].

---

[278] PLINER, Adolfo: *El nombre de las personas*. 2ª, Astrea de Alfredo y Ricardo Depalma. Buenos Aires, 1989, p. 25, «No obstante la evidencia de ser el nombre de las personas un hecho tan antiguo como el lenguaje mismo, o la civilización, su regulación por normas jurídicas es un acontecimiento que pertenece a la historia contemporánea». Por otra parte, nuestro sistema de «doble apellido» es una herencia colonial, que además es de larga tradición en España, como comenta LUCES GIL: ob. cit. (*El nombre civil...*), p. 151. *Vid.* sobre el valor de la costumbre jurídica en el ordenamiento patrio: VARELA CÁCERES, Edison Lucio: «Introducción a las fuentes del Derecho». En: *Revista Venezolana de Legislación y Jurisprudencia*. N° 7-II (homenaje al profesor José PEÑA SOLÍS). Caracas, 2016, pp. 390 y ss.

[279] *Cfr.* DOMÍNGUEZ GUILLÉN: ob. cit. (*Ensayos sobre capacidad...*), p. 570, «La regulación sistemática de las normas relativas a la determinación del apellido tuvo lugar en la reforma del Código Civil de 1982, atendiendo a principios de igualdad entre los hijos».

[280] *Cfr.* LUCES GIL: ob. cit. (*El nombre civil...*), pp. 152 y 153, «... la atribución inicial de los apellidos se realiza ordinariamente en función de la filiación de la persona. Solo excepcionalmente, cuando el sujeto carece de filiación conocida o cuando el *status* de filiación no sea susceptible constatarse legalmente, la asignación del nombre individual y de los apellidos se realiza en virtud de un acto especial de imposición administrativa, por el encargado del Registro Civil».

ii. La conformación ideal de los apellidos son dos, uno por cada progenitor, de allí que cuando el individuo solo posee la filiación de un solo padre, se tiene el derecho a llevar los dos apellidos de su único progenitor legal y sí por el contrario el progenitor posee un solo apellido, se tiene derecho a repetir ese único para formar dos apellidos (artículo 238)[281].

iii. El orden de los apellidos es «El primer apellido del padre y el primer apellido de la madre forman, en ese orden, los apellidos de los hijos» (artículo 235, en concordancia con el artículo 502 de la Ley Orgánica para la Protección de Niños, Niñas y Adolescentes para el caso de adopción).

iv. Sobre los apellidos existe un derecho a su «uso» para fines identificatorios que es distinto al derecho de poseerlos según la filiación. Lo que implica que cuando existen diferencias entre el momento en que se determina una filiación con otra, se tiene derecho a los dos apellidos porque se ha logrado establecer la filiación con ambos padres, pero también a continuar usando los apellidos iniciales[282], ya que ello no perjudica los efectos jurídicos producidos por la filiación (artículos 236 y 237)[283].

---

[281] En todo caso, la intención de la norma es que no se deduzcan discriminaciones por razón del origen o filiación. En otros ordenamientos, como, por ejemplo, Uruguay, su Código de la Niñez y de la Adolescencia de 2004, establece para este caso: «Artículo 27.- Del nombre (…) 4. El hijo habido fuera del matrimonio inscripto por su madre llevará los dos apellidos de ésta. Si la madre no tuviere segundo apellido el niño llevará como primero el de su madre biológica seguido de uno de uso común…»; en Ecuador se repiten el único apellido que tenga el progenitor según la Ley de Registro Civil, Identificación y Cedulación de 1976 (artículo 80).

[282] Por ello LUCES GIL: ob. cit. (*El nombre civil*...), pp. 158 y 159, apunta: «No es frecuente que los interesados, que han venido usando durante años unos apellidos determinados, por los que son conocidos y que figuran en toda su documentación, deseen alterar»; por lo que en España los hijos «tardíamente reconocidos tienen el derecho de conservar los apellidos que venían usando con anterioridad». Comenta DOMÍNGUEZ GUILLÉN: ob. cit. (*Ensayos sobre capacidad*...), p. 583, «el cambio es enteramente discrecional; bien podría el sujeto continuar con sus apellidos originales y en modo alguno ello afecta los derechos derivados de la filiación posteriormente declarada. Así pues, el cambio de apellidos en tal caso es meramente potestativo».

[283] Este uso se patentiza en el momento de tramitar el documento de identificación o cédula de identidad, ya que es allí donde se escoge el apellido que se va a usar según las reglas indicadas. La Ley Orgánica para la Protección de Niños, Niñas y Adolescentes altera la

Ahora bien, en materia de orden de los apellidos se conoce un caso en el cual se intentó un recurso de interpretación del artículo 235 del Código Civil, en el cual la filiación se había establecido de forma dispar con la declaración de nacimiento y el solicitante deseaba mantener el apellido materno como primer apellido y añadir como segundo el del padre que había reconocido la filiación posteriormente. Empero, para nuestro pesar, la Sala de Casación Social, que le correspondió conocer de dicho asunto, lo despacho en tres páginas declarándolo inadmisible:

> En el caso bajo estudio, además de no existir un procedimiento judicial en el cual se pueda realizar la interpretación de una norma jurídica en concreto, que es en principio una regla general de admisibilidad del recurso propuesto, observa la Sala que no existe duda alguna con respecto a un precepto legal, pues, como señaló la recurrente, la disposición es literalmente clara, no obstante, procura que se analice en armonía con los dispositivos de la Ley Orgánica para la Protección del Niño y del Adolescente ya señalados, ello, a los fines de que se le declare directamente un derecho a su favor, posibilidad que escapa del objeto propio del recurso de interpretación. En atención a los criterios expuestos, en aplicación del artículo 42 ordinal 24 de la Ley Orgánica de la Corte Suprema de Justicia, esta Sala considera que es inadmisible el recurso de interpretación presentado[284].

---

norma anterior, pues, en caso de adopción expone de forma diáfana: «... En caso de adopción individual, el adoptado o adoptada debe llevar los apellidos del o de la adoptante», es decir, se expresa en términos categóricos (artículo 502), se opina que ello obedece a que el legislador considera que así se puede fortalecer el nuevo vínculo familiar y resultar más exitosa la adopción. Por otra parte, el ejercicio de estas facultades referidas al uso de apellidos distintos a los determinados por la filiación, tropieza con serios obstáculos en los entes administrativos encargados de su tramitación, ya que en muchos casos –pensamos que por desconocimiento– no se permite ejercer la facultad, sino que viene impuesta por el funcionario.

[284] TSJ/SCS, sent. N° 014, del 20-01-04. *Cfr. Jurisprudencia Venezolana Ramírez & Garay*. Tomo CCVIII. Caracas, 2004, p. 705.

En realidad, lo que solicitaba el accionante era que se efectuará una interpretación sistemática de la norma del Código Civil con los artículos 78 constitucional y 8, entre otros de la Ley Orgánica para la Protección de Niños, Niñas y Adolescentes, en relación con su caso en concreto y que la Sala ponderará la posición sobre el derecho de escoger un orden distinto al establecido en el artículo 235 del Código Civil.

Ciertamente, si bien sobre el orden de los apellidos existe una tradición inveterada como se ha indicado, claramente tributaria de la cultura española[285], la verdad del asunto es que esa práctica también respondía a unos estereotipos que en el presente resultan claramente anacrónicos. En efecto, el orden de los apellidos que privilegia al paterno sobre el materno, está sustentado al menos en

---

[285] Tradición que es común en Latinoamérica –vid. en Cuba la Ley 51 de Registro del Estado Civil de 1985 (artículo 45); Uruguay, el Código de la Niñez y de la Adolescencia (artículo 27 N° 1); Ecuador, la Ley de Registro Civil, Identificación y Cedulación (artículo 78)–, salvo el caso de Brasil donde la práctica es inversa. En Argentina, la jurisprudencia tenía como norma implícita el que el hijo llevara el apellido del padre y con la Ley del Registro Provincial de las Personas de Buenos Aires de 1953, se reguló que el hijo lleve el apellido del padre pudiendo la madre solicitar que, además, se comunique el suyo (artículo 74). En todo caso, PLINER: ob. cit. (*El nombre de las personas*), pp. 171 y ss. añade: «En nuestro país, como en España, Portugal y en las demás naciones de origen hispánico o portugués, la práctica de la agregación del apellido materno tiene honda raigambre. En la Argentina es seguida no solamente por los descendientes de españoles y portugueses, sino que se generalizó y adquirió la boga de una tradición nacional». Actualmente, en Argentina, el Código Civil y Comercial de la Nación dispone: «Artículo 64.- Apellido de los hijos. El hijo matrimonial lleva el primer apellido de alguno de los cónyuges; si no hubiere acuerdo se determina por sorteo realizado en el Registro del Estado Civil y Capacidad de las Personas. A pedido de los padres, o del interesado con edad y madurez suficiente, se puede agregar el apellido del otro. Todos los hijos de un mismo matrimonio deben llevar el apellido y la integración compuesta que se hubiera decidido para el primero de los hijos. El hijo extramatrimonial con un solo vínculo filial lleva el apellido de ese progenitor. Si la filiación de ambos padres se determina simultáneamente, se aplica el primer párrafo de este artículo. Si la segunda filiación se determina después, los padres acuerdan el orden; a falta de acuerdo, el juez dispone el orden de los apellidos, según el interés superior del niño», *vid. Código Civil y Comercial de la Nación*. Infojus. Buenos Aires, 2014, p. 14. DOMÍNGUEZ GUILLÉN: ob. cit. (*Ensayos sobre capacidad…*), p. 571, señala que en Portugal «la escogencia de los apellidos pertenece a los padres y a falta de acuerdo decidirá el juez» (artículo 1875 del Código Civil).

sus orígenes en la idea de la preponderancia en el orden familiar del varón sobre la mujer; del esposo sobre la esposa; del padre sobre los hijos y tal enfoque hoy no tiene sentido, por lo que se ha ido paulatinamente desmontando dicho paradigma en nuestro ordenamiento jurídico, para así dirigirnos hacia un modelo de igualdad y respeto recíproco entre las partes integrantes de las relaciones familiares, con independencia del sexo de los sujetos[286].

En otras latitudes se ha planteado con seriedad esta problemática y se ha considerado que establecer un orden de prelación, como el de nuestro Código Civil, es discriminatorio hacia la mujer[287], ya que no existe ninguna razón objetiva y racional para preferir al hombre sobre ella –lo que no quiere decir que se niegue su germen histórico–, hecho que hoy en día obligaría a una revisión y a proponer diversos mecanismos para solventar el problema[288].

---

[286] *Vid.* VARELA CÁCERES: art. cit. («La última sentencia de la Sala…»), pp. 250 y ss.

[287] Así, por ejemplo, indica LÓPEZ SÁNCHEZ: ob. cit. («Los derechos de las personas…»), p. 283, que con la reforma del modelo de Registro Civil español «se ha conseguido de forma definitiva acabar con la histórica prevalencia del apellido paterno, prevalencia que había sido calificada como contraria al artículo 14 de la Constitución Española». En Italia, su Corte Constitucional–véase: sent. N° 286, del 08-11-16, que declaró «inconstitucional» los artículos 237, 262 y 299 del *Codice Civile*; 72, c. 1°, del Decreto N° 1238, del 09-07-39; y 33 y 34 del Decreto N° 396, del 03-11-00, que regulaban una preferencia en el apellido paterno y el uso de un solo apellido, http://www.cortecostituzionale.it/actionSchedaPronuncia.do?anno=2016& numero=286–, declaró «ilegítima la atribución automática del apellido paterno a los hijos nacidos de un matrimonio», recuérdese que «El Código Civil italiano establece que 'el hijo asume el apellido del progenitor que le reconoce antes' pero, en caso de que tal reconocimiento sea común por parte de ambos padres, el hijo recibe únicamente el apellido del padre»; también tal sistema fue considerado «excesivamente rígido y discriminatorio hacia las mujeres» en 2014 por el Tribunal Europeo de Derechos Humanos en caso donde condenó a Italia por impedir a una pareja otorgar el apellido materno a su hija, *vid. ABC*. Madrid, de 09-11-2016, http://www.abc.es/sociedad/abci-hijos-podran-llevar-apellido-materno-primer-lugar-italia-201611092044_noticia.html. Recientemente se ha planteado la problemática en México –véase: Suprema Corte de Justicia de la Nación, Primera Sala, amparo en revisión N° 208/2016, que declara la inconstitucionalidad de la primera parte del artículo 58 del Código Civil del Distrito Federal, https://www.scjn.gob.mx/Primera_Sala/.../AR-208-2016-160929.pdf–.

[288] *Vid.* Ley 40/1999, de 5 de noviembre, sobre nombres y apellidos y orden de los mismos, de España, que en su Exposición de motivo, indica: «Esta situación, que ya intentó

El asunto fue bosquejado en Venezuela, concretamente al momento de preparar la reforma del Código Civil de 1982, así el Anteproyecto de 1975 de CÁRDENAS DE MARIANI, en su «Exposición de motivos», indicaba:

> Las disposiciones del Anteproyecto consagran: (...) 2. Como quiera que establecer el uso de los apellidos paternos y maternos conforme un orden determinado equivale a establecer prioridades que pretenden eliminarse en el espíritu y la letra del Anteproyecto, éste deja a la costumbre la determinación del orden de los apellidos, así como al acuerdo entre los padres[289].

---

ser cambiada con ocasión de la modificación del Código Civil operada por la Ley 11/1981, de 13 de mayo, es la que se pretende modificar a la luz del principio de igualdad reconocido en nuestra Constitución y en atención a distintas decisiones de ámbito internacional adoptadas sobre esta materia. Baste recordar, en este punto, que el artículo 16 de la Convención de Naciones Unidades de 18 de diciembre de 1979 prevé que los Estados signatarios tomen las medidas necesarias para hacer desaparecer toda disposición sexista en el derecho del nombre (...) Es, por tanto, más justo y menos discriminatorio para la mujer permitir que ya inicialmente puedan los padres de común acuerdo decidir el orden de los apellidos de sus hijos, en el bien entendido de que su decisión para el primer hijo habrá de valer también para los hijos futuros de igual vínculo, lo cual no impide que, ante el no ejercicio de la opción posible, deba regir lo dispuesto en la Ley». Recuerda LÓPEZ SÁNCHEZ: ob. cit. («Los derechos de las personas...»), p. 284, que, a tenor de la disposición, «esa opción ha de realizarse siempre con carácter previo a la inscripción; si no se ejercita en su momento hay que inscribir al nacido primero con el apellido del padre y a continuación con el de la madre». Como antecedente, es oportuno observar que LATE DEL RÍO comentaba que en España en 1985 se había presentado un proyecto con similar pretensión el cual no prosperó, citado en DOMÍNGUEZ GUILLÉN: ob. cit. (*Ensayos sobre capacidad...*), p. 572.

[289] *Vid.* CÁRDENAS DE MARIANI, Libia: «Exposición de motivos del Anteproyecto de Ley sobre la Igualdad de las Personas en cuanto al Matrimonio y la Familia». En: *Ley de reforma parcial del Código Civil (resúmenes y actas Comisión Técnica)*. Despacho de la Ministro de Estado para la Participación de la Mujer en el Desarrollo. Caracas, 1984, p. 62. Por su parte, el «Anteproyecto de Ley de Reforma a Algunas Instituciones de la Familia» de 1974, permitía la elección del orden solo en el caso del reconocimiento: «El hijo toma el apellido del padre o de la madre que lo haya reconocido; si ha sido reconocido por ambos podrá usar como primer apellido el materno o el paterno. Una vez hecha la elección ésta es irrevocable», citado en: *Código Civil de Venezuela artículos 214 al 226*. UCV. Amarilis GARCÍA DE ASTORGA, relatora. Caracas, 1981, p. 368.

Incluso, dentro del debate también se debe añadir la realidad de otros países donde se reconoce, por ejemplo, la adopción conjunta por parejas afecta a su mismo sexo, situación que implica que los hijos tengan dos madres o dos padres y en tal escenario la regla de nuestro Código Civil no tendría ningún sentido, a los efectos de determinar un orden. Problemática que hoy tendría mayor virtualidad en razón del reconocimiento de las familias homoparentales por la Sala Constitucional[290].

Así las cosas, ante un planteamiento de alteración del orden de los apellidos que establece el Código Civil, se cree adecuado que bajo la sana aplicación del principio de igualdad se pueda solucionar el asunto en el sentido de que dar preferencia a un sexo sobre otro a la hora de fijar un orden es un criterio claramente discriminatorio.

Domínguez Guillén se muestra conforme con esta tesis, la cual fundamenta en la igualdad entre hombre y mujer. Sin embargo, expresa sus reservas a la hora de su aplicación, ya que en caso de desacuerdo en el orden por parte de los padres «Esto podría generar serias discusiones entre los progenitores que irían en perjuicio del niño»[291].

Ahora bien, se es de la opinión que, si bien las anteriores dudas son justificadas, ellas no llegan a ser lo suficientemente sólidas para relajar la necesidad de buscar una solución que privilegie la aplicación de un principio tan fundamental como es el de igualdad, más cuando el mismo representa al unísono una facultad constitucional (artículo 21)[292]. Por ello debe escudriñarse un desenlace

---

[290] *Vid.* TSJ/SC, sent. N° 1187, citada *supra*, adolece de fallas conceptuales que en este espacio no se pueden analizar como se merecen, lo que sí conviene comentar es que de establecerse la filiación en relación con dos mujeres, como en efecto decidió el fallo en cuestión, este no aclara cuál será el orden de los apellidos, en el caso concreto debatido como corresponde a un asunto de Derecho Internacional Privado –que la Sala parece desconocer– es probable que se siga el orden del documento extranjero. *Vid.* Varela Cáceres: art. cit. («La última sentencia de la Sala…»), pp. 250 y ss.

[291] Domínguez Guillén: ob. cit. (*Ensayos sobre capacidad…*), p. 571.

[292] López Sánchez: ob. cit. («Los derechos de las personas…»), p. 284, explica que, por ejemplo, en Francia, se pone énfasis en el pacto de los padres; en Alemania, si los

que sopese los intereses en pugna y acentúe la resolución en el máximo disfrute de los derechos en discusión.

Así, la regla que debe aplicarse ante dicho escenario, se ubica en las normas que regulan los atributos de la patria potestad (artículo 349 de la Ley Orgánica para la Protección de Niños, Niñas y Adolescentes)[293], es decir, si al momento de efectuar la declaración de nacimiento la filiación se establece simultáneamente en relación con ambos progenitores, ellos, de mutuo acuerdo, decidirán el orden de los apellidos, sustentado en el principio de libertad, ponderando: la práctica previa; el interés superior del hijo; el objetivo de la institución que –se recuerda– es facilitar la correcta identificación de la persona, y la preservación del patrimonio cultural familiar a través de conservar de un determinado apellido que de usarse en segundo lugar implicaría su perdida[294].

---

padres no tienen un apellido de casados tienen un plazo de un mes desde el nacimiento para escoger el apellido del padre o de la madre a través de declaración ante el funcionario pero en el supuesto «que no se pusieran de acuerdo se confiere a uno de ellos el derecho a determinar el apellido, y si transcurre el plazo que se hubiera establecido para ello sin que se haya ejercido tal derecho, el hijo recibirá como apellido el del padre a quien se le confirió el derecho de elección (§§ 1616 y 1617 del BGB)»; por su parte, la regla española se ubica en el artículo 49 de la Ley 20/2011, «... Si la filiación está determinada por ambas líneas, los progenitores acordarán el orden de transmisión de su respectivo primer apellido, antes de la inscripción registral. En caso de desacuerdo o cuando no se hayan hecho constar los apellidos en la solicitud de inscripción, el Encargado del Registro Civil requerirá a los progenitores, o a quienes ostenten la representación legal del menor, para que en el plazo máximo de tres días comuniquen el orden de apellidos. Transcurrido dicho plazo sin comunicación expresa, el Encargado acordará el orden de los apellidos atendiendo al interés superior del menor...».

[293] Comenta Domínguez Guillén: ob. cit. (*Ensayos sobre capacidad...*), p. 564, en el caso del nombre propio «La designación la suelen hacer los padres porque aunque no exista una indicación expresa, ello es un atributo de la patria potestad».

[294] La Ley 40/1999 española, citada *supra*, reformaba el artículo 109 del Código Civil, a los fines de que no solo se pudiera modificar el orden una vez alcanzada la mayoría de edad, sino al momento de la inscripción en los siguientes términos: «La filiación determina los apellidos con arreglo a lo dispuesto en la ley. Si la filiación está determinada por ambas líneas, el padre y la madre de común acuerdo podrán decidir el orden de transmisión de su respectivo primer apellido, antes de la inscripción registral. Si no se ejercita esta opción, regirá lo dispuesto en la ley. El orden de apellidos inscrito para el mayor de los hijos regirá en las inscripciones de nacimiento posteriores

Entonces, por ejemplo, los progenitores deben ponderar al momento de decidir sobre el orden de los apellidos el que se siguió con el hijo primogénito de la pareja. En cuanto al interés superior del hijo, es necesario tener en cuenta que el orden según las palabras que compongan los apellidos no genere situaciones que lo sometan a escarnio, que laceren su honor o reputación. También, pudiera examinarse que la conformación del nombre propio con un determinado orden resulta en extremo común en determinada localidad en que se habita y el uso invertido de los apellidos coadyuvaría a la correcta individualización. Igualmente, el hecho de que uno de los apellidos sea poco común y además este asociado a unos antecedentes distinguidos y su postergación a un segundo plano ocasionaría la pérdida del mismo en la familia al no poderse después comunicar a las nuevas generaciones sería un elemento útil de analizar.

En el supuesto de que no se llegue a un acuerdo deberá recurrirse a una vía externa a los padres y esa no puede ser otra que el funcionario del Registro Civil. Justamente, aquí debe recordarse que estos asuntos ya no se tramitan por vía judicial[295], sino que ahora el registrador cuenta con las facultades y la pericia para efectuar, las calificaciones, inscripciones y modificaciones de «forma» sobre los asientos del Registro. Esta posición tiene un concreto soporte en el principio de eficacia administrativa ya que postula una actuación simple, rápida y eficaz; justamente, ello se consigue en el mismo trámite de inscripción donde el registrador equilibrará los argumentos de los progenitores y procede a efectuar el asiento según lo que dictamine más ajustado a las normas y principios que rigen la institución y de existir alguna disconformidad con la decisión del funcionario siempre existirá la posibilidad de la vía recursiva.

---

de sus hermanos del mismo vínculo. El hijo, al alcanzar la mayor edad, podrá solicitar que se altere el orden de los apellidos»; también, reformaba el artículo 55 de la Ley Registro Civil de 1957, quedando redactado así: «La filiación determina los apellidos. En los supuestos de nacimiento con una sola filiación reconocida, ésta determina los apellidos, pudiendo el progenitor que reconozca su condición de tal determinar, al tiempo de la inscripción, el orden de los apellidos. El orden de los apellidos establecido para la primera inscripción de nacimiento determina el orden para la inscripción de los posteriores nacimientos con idéntica filiación. Alcanzada la mayoría de edad, se podrá solicitar la alteración del orden de los apellidos…».

[295] Téngase en cuenta que una de las características del modelo actual es la «intervención activa del registrador», *vid. supra*.

Recuérdese que al existir una exigencia legal a la inmediata inscripción en el Registro Civil del nacimiento, ello no puede dilatarse en perjuicio del derecho a la identidad y, por tal motivo, urge que el funcionario actué sumariamente[296] y de forma veloz practique la anotación en el catastro civil.

4.3. Declaración de residencia y su trámite

Antes de introducirse en las diligencias para efectuar la declaración de la residencia, se debe precisar que esta materia representa una de las innovaciones más interesantes que trae la Ley Orgánica de Registro Civil. Como se sabe, la residencia forma parte de las sedes jurídicas que puede poseer el individuo[297] y aunque tradicionalmente ella ha estado subordinada en importancia al domicilio, hoy en día tal escenario comienza a variar en favor de la residencia.

De la lectura de la Ley Orgánica de Registro Civil se puede deducir una definición legal, según la cual la residencia se ubica en «el lugar donde habita de forma permanente» una persona (artículo 139). Generalmente, se ha aceptado que esta sede es más concreta y precisa –dada su naturaleza fáctica– que el domicilio.

La residencia recibe una regulación especial en la Ley Orgánica de Registro Civil debido a que tal dato se ha considerado necesario para tener un adecuado padrón electoral y así a través del mismo se determine el centro de votación, de allí que la simple sugerencia de notificar los cambios de domicilio contenida en el artículo 29 del Código Civil, se ve reforzada en el supuesto de

---

[296] Siguiendo a LOIS ESTÉVEZ: ob. cit. (*Proceso y forma...*), p. 46, el término sumario «aquí no alude a brevedad (…) sino a la suma o conjunto de actuaciones».

[297] La sede jurídica hace referencia al lugar donde se considera ubicada a la persona, tal precisión no solamente facilita identificar al sujeto, al representar un aspecto dinámico de la identidad –generales de ley–, sino que además puede condicionar determinadas consecuencias jurídicas que han sido supeditadas por la ley o por la voluntad de los particulares, a una delimitada circunscripción geográfica o lugar, como, por ejemplo, la competencia territorial en material procesal. *Vid.* DOMÍNGUEZ GUILLÉN, María Candelaria: «La sede jurídica». En: *Temas de Derecho Civil. Libro homenaje a Andrés Aguilar Mawdsley*. Vol. I. TSJ. Fernando PARRA ARANGUREN, editor. Caracas, 2004, pp. 450 y ss.

la residencia, siendo una verdadera obligación legal[298]. En palabras claras, la inobservancia en notificar oportunamente la modificación de esta sede jurídica origina una infracción administrativa sancionada con multa (artículo 141, en conexión con el artículo 158 N° 7, ambos de la Ley Orgánica).

Más arriba se ha afirmado que existe una subsidiaridad de la residencia en relación con el domicilio, pero hoy en día el legislador ha aumentado cuantitativamente los efectos jurídicos que se atan a la residencia, así, por ejemplo, para la Ley de Derecho Internacional Privado el concepto de domicilio corresponde al lugar de residencia[299]; en otros asuntos, la competencia judicial no viene precisada por el tradicional domicilio, sino por la residencia habitual, tal es el caso de la competencia por el territorio de los tribunales de protección del niño y del adolescente (artículo 453 de la Ley Orgánica para la Protección de Niños, Niñas y Adolescentes). Lo anterior ha ocasionado que el legislador señale incluso casos de residencia legal, es decir, supuestos donde la sede en referencia no viene determinada por el lugar donde se habita permanentemente, sino que es la Ley la que indica donde queda tal sitio (artículos 142 y 143 de la Ley Orgánica de Registro Civil).

Ahora bien, aclarado lo anterior corresponde determinar si el trámite de declaración de la residencia diseñado por el Consejo Nacional Electoral concuerda con las normas jurídicas que rigen la figura, es decir, si se acopla a las reglas y principios jurídicos que rigen la institución.

---

[298] El antecedente de este deber se puede observar en la derogada Ley Orgánica del Sufragio y Participación Política de 1997, artículo 100: «El elector tiene la obligación de informar sus datos de residencia a la Oficina de Registro Electoral...».

[299] Lo mismo se puede decir de los domicilios de elección que en la práctica aunque cumple la función de un domicilio corresponde en muchos casos con el lugar de habitación, es decir, están determinados por el sitio en donde habita permanentemente la persona interesada. Cfr. TRUJILLO GUERRA: art. cit. («Reseña de legislación...»), pp. 106, «La incorporación de la declaración de residencia en el Registro Civil, aparte de los fines electorales, guarda relación con una tendencia del legislador patrio de hacer predominar este elemento sobre la figura tradicional de domicilio».

En tal sentido, la Ley Orgánica de Registro Civil establece la obligación de todos los ciudadanos de efectuar la declaración de su residencia ante la oficina de Registro Civil (artículo 139), dicho deber se cumple a través de una exposición o declaración de voluntad mediante la cual se informa al funcionario receptor de cuál es el lugar donde la persona habita de forma permanente[300] y corresponde al registrador inscribir dichos datos en el Registro Civil que es automatizado y electrónico, como se comentó *supra*.

Ahora bien, el Consejo Nacional Electoral en su página *web*, estableció un trámite singular que se considera necesario juzgar según las reglas y principios jurídicos que rigen la institución, a saber:

> Para la solicitud de la «constancia de residencia» es obligatorio presentar ante la oficina o unidad de Registro Civil, cédula de identidad –original y fotocopia– del solicitante, tres ejemplares de la solicitud de constancia de residencia emitidas por el sistema; y acompañarlas de uno de los documentos que se señalan a continuación: a. Original y fotocopia del Registro de Información Fiscal (RIF), cuando el domicilio fiscal coincida con la residencia declarada. b. Carta de residencia suscrita por la junta de condominio, consejo comunal debidamente registrado o asociación de vecinos. c. Original y fotocopia de recibo de pago correspondiente a un servicio, emitido a nombre del solicitante –tales como electricidad, aseo, agua, gas, telefonía móvil o fija, televisión por suscripción– con tres meses de vigencia a la fecha de la solicitud; donde conste la residencia declarada. d. Cualquier otro documento público, autentico o privado que acredite la dirección de residencia declarada por el solicitante[301].

Adicionalmente, el procedimiento exige que se llene un formulario digital a través de la página *web* y se imprima la planilla respectiva que genera el Sistema,

---

[300] LUCES GIL: ob. cit. (*Derecho Registral…*), p. 74, señala: «Cierto número de actos de estado civil se constituyen mediante declaraciones de voluntad emitidas ante el Encargado del Registro Civil, que actúa como fedatario de las mismas», por ejemplo, en el caso de la vecindad civil.

[301] *Vid.* http://www.cne.gob.ve/web/registro_civil/constancia_residencia.php.

la cual será consignada con los requisitos exigidos en la oficina de Registro Civil correspondiente y «Una vez validada la información y revisado que el requisito consignado se corresponda con la dirección de residencia declarada» se entregará por el funcionario la «constancia de residencia».

Sobre el trámite descrito se observan inmediatamente varios reparos, por cuanto si bien es cierto que es competencia del Consejo Nacional Electoral reglar mediante resolución la emisión de los «certificados de residencia» (artículo 140 de la Ley Orgánica de Registro Civil), ello no puede efectuarse en contravención a disposiciones legales que restringen claramente las solicitudes intempestivas de documentos por parte de la Administración, así por ejemplo la exigencia de consignación de copia de la cédula de identidad es ilegal por contravenir expresamente la Ley de Simplificación de Trámites Administrativos (artículo 19).

Incluso, la consignación de instrumentos que ratifique la declaración sobre la residencia se juzga exorbitante, por cuanto en atención al principio general de la buena fe al funcionario le es suficiente con la declaración pura y simple del ciudadano que expresa el lugar en donde habita permanentemente (artículo 24 de la Ley de Simplificación de Trámites Administrativos).

De existir algún elemento que origine en la Administración una duda razonable sobre la declaración de residencia, corresponde como mecanismo de control posterior –es decir después de inscrita la declaración– requerir las pruebas sobre el elemento controvertido (artículo 34 *eiusdem*)[302].

Por otra parte, el trámite examinado abre de suyo una instancia previa donde se validada y se revisa la información para obtener el certificado, lo cual, ciertamente, no está regulada en la Ley y es patentemente contraria a la Ley de Simplificación de Trámites Administrativos que rige toda la actividad de la Administración. En la práctica, tal trámite es un franco obstáculo para ejercer

---

[302] En todo caso, de observar falsedad en la declaración, a través del control posterior, lo que procede es la multa de cinco Unidades Tributarias (artículo 160 de la Ley Orgánica de Registro Civil).

un derecho fundamental y además poder cumplir con el deber de inscribir la residencia, téngase presente que la omisión de declarar se sanciona con multa que ronda entre 10 a 20 Unidades Tributarias (artículo 158 N° 7 de la Ley Orgánica de Registro Civil).

En síntesis, el procedimiento es en extremo formalista por cuanto, si bien se recurre a una plataforma electrónica, ella no se basta por sí misma y obliga a la persona a acudir a una sede para concretar el certificado, lo cual es contrario al principio de la accesibilidad (artículo 9 *eiusdem*), así como al principio *in dubio pro homine*[303]. Amén, que no establece los mecanismos necesarios para garantizar la privacidad de los datos relacionados con la residencia según lo exige la Ley Orgánica de Registro Civil (artículo 59).

En conclusión, debe efectuarse una revisión del trámite poniendo como elemento medular en el análisis los principios de buena fe, eficacia administrativa e interpretación y aplicación preferente y partiendo de allí simplificar su organización para que el mismo no lesione derechos fundamentales de los ciudadanos.

4.4. Número único de identidad

Inicialmente se aclaró que uno de los elementos del nuevo modelo de Registro Civil, era el ser unificado o centralizado, con énfasis en la persona. Para consolidar dicho objetivo se incorporaron dos figuras claves: el «número único de identidad», y el «expediente civil único». Ciertamente, la idea del legislador es que toda la información referente a una persona inscrita en el catastro se ubique en su expediente personal y para facilitar su manejo se le asigna al momento de la apertura del expediente un código particular. De allí que la Ley Orgánica de Registro Civil hable de un principio de unicidad (artículo 10),

---

[303] Téngase en cuenta lo que afirma Cassagne: art. cit. («Los principios generales...»), p. 8, los principios «implican medios de protección tendientes a impedir las arbitrariedades de los poderes públicos que suelen lamentablemente caracterizar el obrar del Estado», por ello «Los principios generales del Derecho operan también como límites al poder reglamentario por parte de la Administración cuyo ejercicio debe ajustarse a ellos».

aunque, como se advirtió, se es de la opinión que es más un carácter del nuevo modelo de Registro Civil, que un principio sectorial.

En cuanto al número único, la Ley Orgánica de Registro Civil determina: «A toda persona inscrita en el Registro Civil se le asignará un código individual denominado número único de identidad. Todos los medios de identificación reconocidos por el Estado venezolano adecuarán y contendrán el número único de identidad» (artículo 57).

A raíz de lo indicado, la reforma de la Ley Orgánica de Identificación[304] modifica diversas normas donde se reconoce al acta de nacimiento como un documento identificatorio y al «número único de identidad» como un dato que integra la identificación de las personas (artículos 3, 6). Sin embargo, no altera o deroga el artículo 14 de la Ley objeto de reforma manteniendo en consecuencia que el Ejecutivo nacional «… otorgará a cada cédula de identidad que expida un número y se le asignará a cada persona de por vida. Dicho número será inherente a la identificación de la persona titular del mismo».

Lo descrito representa en principio un problema operativo, ya que da a entender que existen dos numeraciones distintas que por su naturaleza serían contradictorias[305], que además se asignarían por entes diferentes, lo que, a su vez, parece no tener un sentido práctico. De hecho del texto de la Ley Orgánica de Identificación (artículo 16) al referirse a los datos que contiene la cédula de identidad manifiesta dicha dicotomía, a nuestro entender absurda: así el numeral 3 indica como dato: «número único de identidad» y el numeral 8: «número que se le asigne».

Previo a esbozar una solución al relatado dilema debe ponderarse que la Ley Orgánica de Registro Civil se ha planteado desde un inicio asegurar a través de sus normas la correcta identificación de todas las personas (artículo 2).

---

[304] *Vid. Gaceta Oficial de la República Bolivariana de Venezuela* N° 6155 extraordinario, del 19-11-14.

[305] La paradoja se hace evidente si se parte que ambas numeraciones persiguen servir de individualización, por lo que es suficiente con un solo código para alcanzar el objetivo buscado y si además se califica de «único», no debería existir ningún otro.

Lo cual es muy lógico en razón que el Registro Civil archiva diversos datos que afectan la individualización del sujeto, incluyendo claro está el acta de nacimiento que se considera un documento de identidad.

A su vez, hay que tener conciencia que cualquier pretensión tendiente a la cosificación del ser humano es en extremo peligrosa, ya que ello, obviamente, podría afectar la dignidad del ser humano[306]. Por lo dicho, los fines utilitaristas que pueda tener la Administración con la asignación de números individualizadores no pueden llegar a tener más relevancia que el respeto y la debida consideración al individuo como ser dotado de dignidad.

Entonces, se juzga que incorporar una doble numeración no posee ninguna finalidad útil y por el contrario choca con el principio de dignidad al pretender hacer del ser humano un elemento codificado, cuando para su individualización es suficiente recurrir al nombre civil y a una sola numeración. A su vez, la duplicidad contradice el principio de eficacia administrativa al hacer de la cédula de identidad un instrumento complejo que incorpora datos innecesarios. Por tanto, se concluye, no tiene ningún sentido la duplicidad de dígitos personales por lo que necesariamente deben tratarse de homologar y ser asignados por una sola autoridad[307].

---

[306] LUCES GIL: ob. cit. (*El nombre civil...*), p. 19, «Es indudable que la asignación de un número inmutable de identidad a cada ciudadano –con absoluta eficacia individualizadora– puede ser de gran utilidad en la esfera administrativa oficial. Pero la individualización humana a través de un número, por eficaz y útil que sea, no deja de parecernos masificadora y poco grata. El número personal de identidad tan solo es tolerable como instrumento complementario de individualización, pero no puede sustituir al nombre».

[307] Vale la pena advertir que para evitar estas situaciones algunos ordenamientos foráneos asignan estas actividades de Registro Civil e identificación en un mismo ente y así se garantiza la total sincronía. Según comenta GONZÁLEZ LOBATO: ob. cit. (*Registro electoral...*), pp. 144 y 154, ello ocurre en países como Colombia, Costa Rica y Panamá; también señala que en Honduras existe «igualdad del número de inscripción de nacimiento o naturalización con el de la tarjeta de identidad, garantizando así, información confiable».

Ahora bien, para efectuar este proceso técnico de unificación se debe ponderar el causar la menor cantidad de molestias al ciudadano y evitar alterar datos que ya el individuo ha adquirido como parte de su personalidad, al configurar sus generales de ley.

Efectivamente, los anteriores propósitos se obtienen cuando se mantiene la estructura de la numeración que data desde la emisión de la primera cédula de identidad en el año de 1942, pero la facultad de efectuar la asignación se le debe transferir con exclusividad a los órganos del Registro del Estado Civil, pues son los órganos de gestión del Sistema Nacional de Registro Civil los que intervienen inicialmente cuando se crea el expediente civil único (artículo 55 de la Ley Orgánica de Registro Civil) y el número del referido expediente sería el que posteriormente al momento de tramitar la cédula de identidad se reproduciría.

En otras palabras, el número único de identidad que se asigne con el expediente –según la combinación que actualmente se sigue para el tradicional número de cédula– se va a reproducir en todos los documentos de identidad, incluyendo el acta de nacimiento y la cédula de identidad, sin que exista necesidad de añadir otro tipo de numeración personal con fines identificatorios.

Al mismo tiempo, fines económicos abonan por la solución antes propuesta ya que si para obtener un documento de identidad como la cédula se exige que previamente se realice la inscripción de un acto de inicio del expediente civil único, como lo sería el acta de nacimiento, carta de naturaleza, certificado de naturalización o declaración de residencia permanente para los extranjeros, con la unificación se alcanzarían tres objetivos útiles: primero, que el catastro fuera completo al garantizar que los sujetos informaran al Registro Civil sobre aquellos hechos que deben ser registrados para obtener la cédula de identidad; segundo, la oficina administrativa no requeriría solicitar comprobantes sobre el hecho que motiva la expedición del documento[308],

---

[308] Situación que actualmente ocurre, véase: artículos 17 y 21 de la Ley Orgánica de Identificación. *Cfr.* PITA MERCÉ, Rodrigo: «La figura del encargado del Registro Civil

porque los mismos se encontrarían archivados en el Registro Estado Civil y el funcionario podría consultarlo vía electrónica; tercero, se evitaría la repetición de asientos y los comunes errores materiales ya que se tomaría como datos los exclusivamente inscritos en el catastro, superando los inconvenientes actuales donde se observan casos en los que el Registro Civil indica unos datos y en la cédula de identidad otros distintos, situación que requeriría posteriores correcciones.

---

en su aspecto de jurista». En: *Boletín del Ministerio de Justicia*. Nº 543. Madrid, 1963, p. 9, «El Documento Nacional de Identidad debe tener por su base en el folio de nacimiento (…) ya que ahora son frecuentes discordancias entre el contenido registral y el del Documento Nacional de Identidad, que habría que evitar».

Conclusiones

Los principios generales del Derecho, como se observó, representan un insumo capital para la correcta interpretación y aplicación del Derecho y ello es así por cuanto estas fórmulas sintéticas que expresan un valor fundamental para el ordenamiento jurídico, permiten interpretar, integrar, unificar y oxigenar las instituciones jurídicas. Por tal razón –de forma cada vez más reiterada–, el legislador recurre a la positivación de los principios, añadiendo además los denominados principios sectoriales. Estos, por su parte, son una adecuación de los principios generales del Derecho a una determinada área para así facilitar su aplicación. Pues, como se indicó, lo relevante es comprender que estos fundamentos normativos tienen carácter obligatorio y además se encuentran en la cúspide del sistema jurídico.

En las líneas precedentes, también, se ha podido evidenciar que no todo lo que el legislador denomina «principio» –a veces de forma ligera– lo es en puridad. Igualmente, de un análisis sesudo de la normativa que rige la institución del Registro del Estado Civil se pueden extraer algunos postulados básicos que alcanzan a ser incluido dentro de la categoría de principios sectoriales, ya que por una parte, desarrollan de forma más concreta los principios generales del Derecho y, por otra, poseen igualmente un soporte axiológico.

Ciertamente, la utilidad de la enunciación de los principios sectoriales del Registro Civil es fundamentalmente pedagógica, aunque yerra el legislador al señalar como principios preceptos que se corresponden más con una regla jurídica –tal y como lo serían los referidos a los denominados «fe pública» y «primacía»–, y olvido señalar dos importantes, como la gratuidad y la participación.

Lo descrito no es del todo censurable si se pondera que es un avance importante en relación con el modelo anterior regulado por el Código Civil que carecía de regulación concreta en este tema. Adicionalmente, hay que añadir que si el Capítulo sobre los «Principios del Registro Civil» no formara parte del texto de la Ley Orgánica de Registro Civil, igualmente se llegaría a conclusiones análogas sobre su existencia, ya que los mismos son desarrollados en todo el instrumento y muchos de ellos también se encontraban implícitamente recogidos en el Código Civil.

Entonces, los principios sectoriales del Registro del Estado Civil tendrían un soporte en la dignidad humana, la libertad, la buena fe o la igualdad y su finalidad es facilitar la consolidación de la aplicación –por parte de los operadores jurídicos– del modelo promulgado con la Ley. Es decir, persiguen dotar de mayores insumos interpretativos para que se pueda construir un Registro Civil que supere las fallas del sistema arcaico y que ponga énfasis en el individuo como portador de verdaderos derechos que se reivindica a través de un Registro del Estado Civil público, eficaz, accesible, igualitario y con preferencia en el ser humano como destinatario del esfuerzo administrativo y burocrático.

Lo descrito se puso en evidencia cuando se procedió a interpretar cuatro situaciones problemáticas a través de los principios generales y sectoriales. Así se comprobó, por ejemplo, que en el supuesto de modificación del nombre propio por reasignación de sexo, tal solicitud es perfectamente procedente y congruente con los principios generales del Derecho y los sectoriales en materia de Registro del Estado Civil, tales como eficacia administrativa, igualdad y no discriminación, e interpretación y aplicación preferente. Para el caso de la determinación del orden de los apellidos se recurrió a la aplicación directa de los principios de igualdad, libertad y dignidad, además de ponderar una interpretación preferente de los derechos del hijo en discusión, es decir, el principio del interés superior del niño. A la hora de juzgar el trámite de la declaración de residencia se evidencia la utilidad de tener presente principios como el de la buena fe, eficacia administrativa, accesibilidad, e *in dubio pro homine*, pues ellos permiten corroborar que el referido procedimiento administrativo es contrario a Derecho. En el caso del análisis de las normas que crean el número único de identidad –donde la intención de algunos instrumentos legales era generar una duplicidad del mismo– se revelo que la dualidad choca con la dignidad humana y, a su vez, con el principio a la eficacia administrativa.

En definitiva, como se pudo comprobar, los principios generales del Derecho y los principios sectoriales del Registro del Estado Civil son elementos normativos que facilitan arribar a soluciones en aquellas situaciones aparentemente conflictivas y que, si bien pueden haber casos donde se adolezca de reglas jurídicas específicas que simplifiquen la solución e interpretación de determinado escenario en pugna, los principios siempre estarán presente y por ello se convierten en una herramienta fundamental para la justicia, fin último y principal del Derecho.

Por último, se requiere recordar que los principios identificados como tal, representan verdaderos postulados obligatorios y, en tal sentido, los operadores jurídicos están comprometidos a acatarlos y desarrollarlos en su actuación. Atrás ha quedado, como se confirmó, la idea de los principios como simples directrices decorativas; en la actualidad, es evidente su carácter jurídico y por tanto vinculante[309].

---

[309] LOIS ESTÉVEZ, José: *Ensayo de valoración filosófica del Derecho*. Reus. Madrid, 1945, p. 60, recuerda que el Tribunal Supremo español en 1914 dictó una decisión «digna del máximo elogio, y exponente de un 'atrevimiento sublime'; canon de la juridicidad más alta y menos aparatosa, declaró paladinamente que 'todo principio de Derecho lleva consigo la necesidad de su estricta observancia'».

Bibliografía*

AGUILAR GORRONDONA, José Luis: *Derecho Civil (personas)*. 8ª, UCAB. Caracas, 1985.

AGUILÓ REGLA, Josep: *Teoría general de las fuentes del Derecho (y del orden jurídico)*. Ariel. Barcelona, 2000.

ARRIBAS ATIENZA, Patricio y CARCELLER FABREGAT, Fernando: *Curso práctico de Registro Civil*. Civitas. Madrid, 1999.

ASAMBLEA NACIONAL: *Informe para segunda discusión del proyecto de Ley Orgánica de Registro Civil*. Comisión Permanente de Política Interior, Justicia, Derechos Humanos y Garantías Constitucionales de la Asamblea Nacional. Caracas, 2009.

ÁVILA RODRÍGUEZ, Vinicio: «Comentarios a la organización del Registro del Estado Civil en la actualidad». En: *Temas de Derecho Civil. Libro homenaje a Andrés Aguilar Mawdsley*. Vol. I. TSJ. Fernando PARRA ARANGUREN, editor. Caracas, 2004.

BAQUEIRO ROJAS, Edgard: *Diccionario jurídico HARLA. Derecho Civil*. Vol. I. HARLA. México D. F., 1995.

BARBOZA PARRA, Ely Saúl: «Actitud crítica sobre el Registro Mercantil». En: *Anuario jurídico*. N° 2. Colegio de Abogados del estado Mérida. Mérida, 1993.

BELANDRIA GARCÍA, José Rafael: *El derecho de petición en España y en Venezuela*. FUNEDA. Caracas, 2013.

---

* *Nota bene*: Los textos citados se ubican en nuestra biblioteca, salvo puntuales excepciones.

_____: «El castellano como idioma oficial y los idiomas autóctonos (a propósito de la regulación de la Ley de Idiomas Indígenas)». En: *Revista de Derecho Público*. N° 134. Editorial Jurídica Venezolana. Caracas, 2013.

_____: «Las tecnologías de la información y la comunicación en la Ley Orgánica del Tribunal Supremo de Justicia». En: *Revista de la Facultad de Ciencias Jurídicas y Políticas*. N° 136. UCV. Caracas, 2012.

BERNAD MAINAR, Rafael: «Una nueva visión del Derecho romano». En: *Estudios de Derecho Privado*. Tomo I. UCAB. Alberto BAUMEISTER TOLEDO y Carmen GUARDIA DE BRACHO, coords. Caracas, 2004.

_____: *La interpretación jurídica en el Derecho romano y en el Derecho actual*. Vadell Hermanos Editores. Caracas, 2004.

BETTI, Emilio: *Teoría general de las obligaciones*. Tomo I. Editorial Revista de Derecho Privado. Madrid, 1969.

BREWER-CARIAS, Allan R.: «Estudio sobre la impugnación ante la jurisdicción contencioso-administrativa de los actos administrativos de registro». En: *Libro homenaje a la memoria de Joaquín Sánchez Covisa*. UCV. Caracas, 1975.

BOBBIO, Norberto: *Teoría general del Derecho*. 3ª, Temis. Bogotá, 2007.

CABALLERO, Manuel: *Revolución, reacción y falsificación*. 2ª, Editorial Alfa. Caracas, 2007.

CASTÁN TOBEÑAS, José: *Teoría de la aplicación e investigación del Derecho*. Reus. Madrid, 1947.

CÁRDENAS DE MARIANI, Libia: «Exposición de motivos del Anteproyecto de Ley sobre la Igualdad de las Personas en cuanto al Matrimonio y la Familia». En: *Ley de reforma parcial del Código Civil (resúmenes y actas Comisión Técnica)*. Despacho de la Ministro de Estado para la Participación de la Mujer en el Desarrollo. Caracas, 1984.

CASSAGNE, Juan Carlos: «Los principios generales del Derecho en el Derecho Administrativo». En: *Estudios de Derecho público*. Depalma. Buenos Aires, 1995.

Coca Payeras, Miguel: *La doctrina legal*. Bosch. Barcelona, 1980.

Código Civil y Comercial de la Nación. Infojus. Buenos Aires, 2014.

Código Civil y legislación complementaria. BOE. Madrid, 2014.

Consejo Nacional Electoral: *El Registro Civil en Venezuela*. CNE. Caracas, 2011.

_____: *Proyecto de Ley Orgánica de Registro Civil*. Oficina Nacional de Registro Civil del CNE. Caracas, octubre de 2007.

_____: *Informe técnico jurídico del Proyecto de Ley Orgánica de Registro Civil*. CNE. Caracas, agosto de 2007.

_____: *Proyecto de Ley Orgánica de Registro Civil*. Oficina Nacional de Registro Civil del CNE. Caracas, agosto de 2007.

Contreras de Moy, Aura Maribel: «A propósito del artículo 60 de la Constitución de la República Bolivariana de Venezuela». En: *Revista de Derecho de la Defensa Pública*. N° 1. Caracas, 2015.

Cornejo, Américo Atilio: *Derecho registral*. Astrea. Buenos Aires, 1994.

Cretella Junior, José: «Los principios fundamentales de Derecho Administrativo». En: *Revista de Derecho Administrativo*. Año 2, N°s 3, 4 y 5. Depalma. Buenos Aires, 1990.

Cristóbal Montes, Ángel: *Introducción al Derecho Inmobiliario Registral*. UCV. Caracas, 1982.

Consejo Supremo Electoral: *Manual del Registrador del Estado Civil de las personas (compendio de procedimientos, leyes y jurisprudencia)*. María del Rosario Acosta Guillén, compiladora. CSE. Managua, 2007.

Delgado Pérez, Luis Ángel et alter (revisión): *Código Civil y legislación especial*. 2ª, Editorial Colex. Madrid, 2003.

Delgado Giménez, María Auxiliadora: *Los vicios ocultos en la compraventa. Tradición jurídica romana y Derecho actual*. UCV. Tesis doctoral. Tutor Enrique Lagrange. Caracas, 2011.

DE MIGUEL BERIAIN, Iñigo: «Consideraciones sobre el concepto de dignidad humana». En: *Anuario de Filosofía de Derecho*. Madrid, 2004.

Derecho de Familia, Revista Interdisciplinaria de Doctrina y Jurisprudencia. N° 3. Abeledo-Perrot. Buenos Aires, 1990.

DÍAZ FRAILE, Juan María: «Nota introductoria». En: *Boletín de Información (Informatización de los Registros Civiles INFOREG 2.0)*. Ministerio de Justicia. Madrid, 2005.

DÍEZ-PICAZO, Luis y GULLÓN, Antonio: *Instituciones de Derecho Civil (Introducción. Parte general. Derecho de la persona)*. Vol. I/1. 2ª, Tecnos. Madrid, 1998.

DOMÍNGUEZ GUILLÉN, María Candelaria: *Curso de Derecho Civil III Obligaciones*. Editorial RVLJ. Caracas, 2017.

_____: *Manual de Derecho Civil I (personas)*. Ediciones Paredes. Caracas, 2011.

_____: *Ensayos sobre capacidad y otros temas de Derecho Civil*. 3ª, TSJ. Caracas, 2010.

_____: «La rectificación de partidas: referencia sustantiva y algunas notas procedimentales». En: *Revista de la Facultad de Ciencias Jurídicas y Políticas*. N° 135. UCV. Caracas, 2010.

_____: *Diccionario de Derecho Civil*. Panapo. Caracas, 2009.

_____: «Algunas sentencias que declaran el cambio de sexo». En: *Revista de la Facultad de Ciencias Jurídicas y Políticas*. N° 130. UCV. Caracas, 2007.

_____: «La sede jurídica». En: *Temas de Derecho Civil. Libro homenaje a Andrés Aguilar Mawdsley*. Vol. I. TSJ. Fernando PARRA ARANGUREN, editor. Caracas, 2004.

_____: «Alcance del artículo 20 de la Constitución de la República Bolivariana de Venezuela (libre desenvolvimiento de la personalidad)». En: *Revista de Derecho*. N° 13. TSJ. Caracas, 2004.

_____: «Aproximación al estudio de los derechos de la personalidad». En: *Revista de Derecho*. N° 7. TSJ. Caracas, 2002.

Domínguez Guillén, María Candelaria y Varela Cáceres, Edison Lucio: «El abuso de derecho. Un estudio tres autores». En: *Revista Venezolana de Legislación y Jurisprudencia*. N° 8. Caracas, 2017.

Dominici, Aníbal: *Comentarios al Código Civil venezolano (reformado en 1896)*. Tomo I. Editorial REA. Caracas, 1962.

D'Ors, Álvaro: «*Dura lex sed lex*». En: *Anuario de Historia del Derecho Español*. N° 51. Madrid, 1981.

Duque Corredor, Román J.: *Lecciones elementales de deontología jurídica*. Academia de Ciencias Políticas y Sociales. Caracas, 2010.

Duque Sánchez, José Román: *Comentarios jurídicos*. Academia de Ciencias Políticas y Sociales. Caracas, 1982.

Du Pasquier, Claude: *Introducción a la teoría general del Derecho y a la filosofía jurídica*. 2ª, Librería Internacional del Perú. Trad. J. B. de Lavalle y J. Ayasta González. Lima, 1950.

Egaña, Manuel Simón: *Notas de introducción al Derecho*. Editorial Criterio. Caracas, 1984.

Febres Cordero, Eloy: *El Registro del Estado Civil comentarios y jurisprudencia*. ULA. Mérida, 1969.

Fernández Segado, Francisco: «La dignidad de la persona como valor supremo del ordenamiento jurídico». En: *Revista Tachirense de Derecho*. N° 7. Universidad Católica del Táchira. San Cristóbal, 1995.

Funeda: *Compilación de constituciones políticas*. Tomo I. Funeda, Caracas, 1999.

Gallego Miró, José Juan: «Reforma del Registro Civil». En: *Món jurídic*. N° 291. Il lustre Col·legi d'Advocats de Barcelona. Barcelona, 2014.

García de Enterría, Eduardo: *Justicia y seguridad jurídica en un mundo de leyes desbocadas*. Civitas. Madrid, 2000.

_____: «Principio de legalidad, estado material de Derecho y facultades interpretativas y constructivas de la jurisprudencia en la Constitución».

En: *Revista Española de Derecho Constitucional*. N° 10. Cepc. Madrid, 1984.

_____: «El principio de la interpretación más favorable al derecho del administrado al enjuiciamiento jurisdiccional de los actos administrativos». En: *Revista de Administración Pública*. N° 42. Cepc. Madrid, 1963.

_____: «La interdicción de la arbitrariedad en la potestad reglamentaria». En: *Revista de Administración Pública*. N° 30. Cepc. Madrid, 1959.

García Garrido, Juan Carlos: *El irrenunciable valor de la dignidad humana*. Universidad Carlos III de Madrid. Madrid, 2013.

García Lamas, Gonzalo: «Valor probatorio de los documentos electrónicos en Chile y en especial de los emitidos por los órganos del Estado». En: *Revista Venezolana de Legislación y Jurisprudencia*. N° 4. Caracas, 2014.

García Máynez, Eduardo: *Introducción al estudio del Derecho*. 31ª, Porrúa. México D. F., 1980.

González Lobato, Eglée: *Registro electoral venezolano*. Ediciones Paredes. Caracas, 2012.

González Pérez, Jesús: «La dignidad de la persona en la jurisprudencia constitucional». En: *Anales de la Real Academia de Ciencias Morales y Políticas*. N° 62. Madrid, 1985.

_____: *El principio general de la buena fe en el Derecho Administrativo*. Real Academia de Ciencias Morales y Políticas. Madrid, 1983.

Gordillo, Agustín: *Tratado de Derecho Administrativo (el acto administrativo)*. Tomo iii. Fundación de Derecho Administrativo-FUNEDA. Caracas, 2002.

González, Fortunato: «El régimen del Registro del Estado Civil y la descentralización». En: *Anuario Jurídico*. N° 3. Colegio de Abogados del estado Mérida. Mérida, 1994.

Graterón Garrido, Mary Sol: *Derecho Civil i – personas*. USM. Caracas, 2007.

GRECCO, Carlos M.: «Bibliografía: Juan Carlos CASSAGNE: *Los principios generales del Derecho en el Derecho Administrativo*. Abeledo-Perrot. Buenos Aires, 1988». En: *Revista de Derecho Administrativo*. Año 2, Nos 3, 4 y 5. Depalma. Buenos Aires, 1990.

GÜITE ANDRADE, Tomás Enrique: *El procedimiento de rectificación de partidas y nuevos actos del estado civil*. UCV. Trabajo especial de grado para optar al título de especialista en Derecho Procesal. Caracas, 2011.

HARTING R., Hermes: «Tratamiento normativo de los derechos de la personalidad en el ordenamiento jurídico venezolano». En: *Revista de la Facultad de Derecho*. N° 22. UCAB. Caracas, 1976.

HENRÍQUEZ MAIONICA, Giancarlo: «El *habeas data* y el derecho de la persona con trastorno de identidad de género a obtener documentos relativos a su identidad biológica». En: *Revista de Derecho Constitucional*. N° 8. Editorial Sherwood. Caracas, 2003.

HOČEVAR GONZÁLEZ, Mayda y RAMOS PASCUA, José Antonio: *Teoría del Derecho (una introducción a la filosofía del Derecho)*. ULA. Mérida, 2013.

HUNG VAILLANT, Francisco: *Derecho Civil I*. 5ª, Vadell Hermanos Editores. Caracas, 2015.

INSTITUTO DE DERECHO PRIVADO, UCV: *Código Civil de Venezuela artículos 445 al 463*. UCV. Claudia MADRID M., relatora. Caracas, 1999.

____: *Código Civil de Venezuela artículos 66 al 95*. 2ª, UCV. Alida TOSTA ROJAS *et alter*, relatores. Caracas, 1993.

____: *Código Civil de Venezuela artículos 214 al 226*. UCV. Amarilis GARCÍA DE ASTORGA, relatora. Caracas, 1981.

JARAMILLO E., Lina: «Reseña: ¿Acerca de la buena fe? El cumplimiento del deber de buena fe en los préstamos comerciales. Mark Snyderman». En: *Revista de Derecho Privado*. N° 7. Temis-Universidad de los Andes. Bogotá, 1990.

Jurisprudencia Venezolana Ramírez & Garay. Tomo CCVIII. Caracas, 2004.

Leyes civiles forales. BOE. Madrid, 2014.

LASARTE ÁLVAREZ, Carlos: «La protección del consumidor como principio general del Derecho». En: *Nuevos derechos fundamentales en el ámbito del Derecho privado*. Consejo General del Poder Judicial. Antonio MONSERRAT QUINTANA, director. Madrid, 2007.

LOIS ESTÉVEZ, José: *La eterna polémica sobre las fuentes del Derecho*. s/e. Santiago, 1993.

_____: *Ensayo de valoración filosófica del Derecho*. Reus. Madrid, 1945.

_____: *Proceso y forma (ensayo de una teoría general del proceso)*. Librería Porto. Santiago, 1947.

LÓPEZ DE LA VIEJA, María Teresa: *Principios morales y casos prácticos*. Tecnos. Madrid, 2000.

LÓPEZ SÁNCHEZ, Cristina: «Los derechos de las personas en el nuevo Registro Civil». En: *Derecho Privado y Constitución*. N° 25. CEPC. Madrid, 2011.

LUCES GIL, Francisco: *El nombre civil de las personas naturales en el ordenamiento jurídico español*. Bosch. Barcelona, 1978.

_____: *Derecho Registral Civil*. Bosch. Barcelona, 1976.

LUPINI BIANCHI, Luciano: *Estudios de Derecho Privado*. Academia de Ciencias Políticas y Sociales. Caracas, 2010.

LUTHER, Jörg: «Razonabilidad y dignidad humana». En: *Revista de Derecho Constitucional Europeo*. N° 7. Granada, 2007.

MARÍN ECHEVERRÍA, Antonio Ramón: *Derecho Civil I personas*. McGraw-Hill Interamericana. Caracas, 1998.

MARÍN LÓPEZ, Juan José: «La ordenación de los registros e instrumentos públicos como título competencial del Estado». En: *Derecho Privado y Constitución*. N° 2. CEPC. Madrid, 1994.

MARTÍNEZ NADAL, Apol-lònia: *Comercio electrónico, firma digital y autoridades de certificación*. 3ª, Civitas. Madrid, 2001.

MOLES CAUBET, Antonio: «Estudio analítico de la sentencia de la Corte Primera de lo Contencioso-Administrativo de 1° de julio de 1981 sobre provisión de jefes de departamentos». En: *Revista de Derecho Público*. N° 13. Editorial Jurídica Venezolana. Caracas, 1983.

NIETO ALONSO, Antonia: «Capacidad del menor de edad en el orden patrimonial civil y alcance de la intervención de sus representantes legales». En: *Revista de Derecho Civil*. Vol. III, N° 3. Madrid, 2016, http://nreg.es/ojs/index.php/RDC.

OBANDO SALAZAR, Ramón Augusto: *El Registro del Estado Civil*. Imprenta Oficial. Mérida, 1966.

OCHOA GÓMEZ, Oscar E.: *Derecho Civil I: personas*. UCAB. Caracas, 2006.

OLASO J., Luis María: *Curso de introducción al Derecho (introducción a la teoría general del Derecho)*. Tomo II. 2ª, UCAB. Caracas, 1994.

ORTIZ-ORTIZ, Rafael: «Los derechos de la personalidad como derechos fundamentales en el nuevo orden constitucional venezolano». En: *Estudios de Derecho público. Libro homenaje a Humberto J. La Roche*. Vol. II. TSJ. Fernando PARRA ARANGUREN, editor. Caracas, 2001.

_____: *Introducción a la teoría general de los valores y la axiología jurídica*. UCAB. Caracas, 1999.

OSSORIO, Manuel: *Diccionario de ciencias jurídicas, políticas y sociales*. Heliasta. Buenos Aires, 1974.

OTÁROLA ESPINOZA, Yasna: «La función supletoria de las normas de Derecho Civil». En: *Revista Chilena de Derecho y Ciencia Política*. N° 2. Universidad Católica de Temuco. Temuco, 2012.

PARRA ARANGUREN, Fernando: «Comentarios sobre el Proyecto de Ley Orgánica del Trabajo». En: *Revista de la Facultad de Ciencias Jurídicas y Políticas*. N° 76. UCV. Caracas, 1990.

_____: «Las normas fundamentales en el anteproyecto de Ley del Trabajo». En: *Revista de la Facultad de Ciencias Jurídicas y Políticas*. N° 65. UCV. Caracas, 1986.

PÁRRAGA DE ESPARZA, Marisela: «Reglamento de la Ley Orgánica de Identificación para la Identificación de los Indígenas». En: *Revista Cuestiones Jurídicas*. Vol. I, N° 1. Universidad Rafael Urdaneta. Maracaibo, 2007.

PEÑARANDA QUINTERO, Héctor: *Análisis descriptivo de la Ley Orgánica de Registro Civil en Venezuela*. 2ª, LUZ. Maracaibo, 2011.

PELLEGRINO PACERA, Cosimina G.: «Algunos comentarios sobre la (in)constitucionalidad de la Ley Orgánica de la Jurisdicción Especial de la Justicia de Paz Comunal». En: *Revista Venezolana de Legislación y Jurisprudencia*. N° 2. Caracas, 2013.

PENSADO TOMÉ, Antonio: «¿Hacia una invasión administrativa del folio de nacimiento?». En: *Boletín del Ministerio de Justicia*. N° 583. Madrid, 1963.

PEREZNIETO CASTRO, Leonel y LEDESMA MONDRAGÓN, Abel: *Introducción al estudio del Derecho*. 2ª, Editorial HARLA. México D. F., 1992.

PEYRANO, Jorge W. y CHIAPPINI, Julio O.: *Instituciones atípicas en el Derecho privado*. Rubinzal-Culzoni. Santa Fe, 1985.

PITA MERCÉ, Rodrigo: «La figura del encargado del Registro Civil en su aspecto de jurista». En: *Boletín del Ministerio de Justicia*. N° 543. Madrid, 1963.

PLINER, Adolfo: *El nombre de las personas*. 2ª, Astrea y Depalma. Buenos Aires, 1989.

PORTALIS, Jean Etienne Marie: *Discurso preliminar al Código Civil francés*. Civitas. Trad. I. CREMADES y L. GUTIÉRREZ-MASSON. Madrid, 1997.

PUIG PEÑA, Federico: *Compendio de Derecho Civil español (parte general)*. Tomo I. 3ª, Ediciones Pirámide. Madrid, 1976.

RAMIS M., Pompeyo: *Esencia prejurídica del Derecho*. ULA. Mérida, 2002.

_____: «Los principios universales del Derecho». En: *Dikaiosyne*. N° 1. ULA. Mérida, 1998.

RAVETLLAT BALLESTÉ, Isaac: «Responsabilidad negocial de los actos realizados por menores de edad no emancipados. Análisis doctrinal y jurisprudencial». En: *Revista Crítica de Derecho Inmobiliario*. N° 737. Madrid, 2013.

REALE, Miguel: *Introducción al Derecho*. 9ª, Ediciones Pirámide. Trad. Jaime BRUFAU PRATS. Madrid, 1989.

RECASENS SICHES, Luis: *Estudio de la Filosofía del Derecho*. 3ª, UTEHA. México D. F., 1946.

RODRÍGUEZ-ARIAS BUSTAMANTE, Lino: *Ciencia y Filosofía del Derecho. (Filosofía, Derecho y Revolución)*. EJEA. Buenos Aires, 1961.

_____: *La tutela*. Bosch. Barcelona, 1954.

RODRÍGUEZ-ARIAS BUSTAMANTE, Lino et alter: «Comunitarismo: alternativa ideológica para América Latina». En: *Anuario de la Facultad de Derecho*. N° 11. ULA. Mérida, 1980.

RONDÓN DE SANSÓ, Hildegard: «El principio de confianza legítima en el Derecho venezolano». En: *El Derecho venezolano a finales del siglo XX (XV Congreso Internacional de Derecho Comparado)*. Academia de Ciencias Políticas y Sociales. Caracas, 1998.

RUÍZ MIGUEL, Carlos: «Recensiones: Joaquín Arce y Flórez-Valdés: Los principios generales del Derecho y su formulación constitucional. Editorial Civitas. Madrid, 1990». En: *Revista de Estudios Políticos*. N° 71. CEPC. Madrid, 1991.

SÁNCHEZ NOGUERA, Abdón: *Manual de procedimientos especiales*. Ediciones Paredes. Caracas, 2004.

SANOJO, Luis: *Instituciones de Derecho Civil venezolano*. Tomo I. Imprenta Nacional. Caracas, 1873.

SANQUÍRICO PITTEVIL. Fernando: «Indicios y presunciones como elementos de certeza procesal y legal». En: *Revista Venezolana de Legislación y Jurisprudencia*. N° 5 (homenaje a Fernando Ignacio PARRA ARANGUREN). Caracas, 2015.

Torres-Rivero, Arturo Luis: *Derecho de Familia –parte general–*. Vol. i. UCV. Caracas, 1964.

Trujillo Guerra, Luis: «Reseña de legislación. Ley Orgánica de Registro Civil». En: *Cuestiones Jurídicas*. Vol. iv, N° 1. Universidad Rafael Urdaneta. Maracaibo, 2010.

Urdaneta Fontiveros, Enrique: «El deber del acreedor perjudicado de evitar o mitigar el daño». En: *Revista Venezolana de Legislación y Jurisprudencia*. N° 6 (homenaje a la memoria de Arturo Luis Torres-Rivero). Caracas, 2015.

_____: *Régimen jurídico de la exceptio non adimpleti contractus*. Academia de Ciencias Políticas y Sociales. Caracas, 2013.

_____: *Estudio de Derecho Inmobiliario-Registral*. 3ª, UCAB. Caracas, 2010.

_____: «Los principios inmobiliarios-regístrales en la nueva Ley de Registro Público y del Notariado». En: *Estudios de Derecho Civil. Libro homenaje a José Luis Aguilar Gorrondona*. Vol. ii. TSJ. Fernando Parra Aranguren, editor. Caracas, 2002.

Universidad Central de Venezuela: *Revista de la Facultad de Ciencias Jurídicas y Políticas*. N° 107. UCV. Caracas, 1998.

Uzcátegui Urdaneta, Mariano: *Principios generales del Derecho*. ULA. Mérida, 2003.

Varela Cáceres, Edison Lucio: «La última sentencia de la Sala Constitucional en materia de instituciones familiares: La familia homoparental». En: *Revista Venezolana de Legislación y Jurisprudencia*. N° 9. Caracas, 2017.

_____: «Introducción a las fuentes del Derecho». En: *Revista Venezolana de Legislación y Jurisprudencia*. N° 7- ii (homenaje al profesor José Peña Solís). Caracas, 2016.

_____: «La última sentencia de divorcio de la Sala Constitucional (comentarios a la sentencia N° 693 de fecha 2 de junio de 2015)». En: *Revista Venezolana de Legislación y Jurisprudencia*. N° 6 (homenaje a la memoria del profesor Arturo Luis Torres-Rivero). Caracas, 2016.

_____: «El principio de unidad de filiación». En: *Revista Venezolana de Legislación y Jurisprudencia*. N° 2. Caracas, 2013.

_____: «Una lección. La unión estable de hecho (comentario a la sentencia N° RC.000326, de la Sala de Casación Civil del Tribunal Supremo de Justicia)». En: *Revista Venezolana de Legislación y Jurisprudencia*. N° 1. Caracas, 2013.

_____: «El nombre civil y la Ley Orgánica de Registro Civil». En: *Revista de Derecho*. N° 33. TSJ. Caracas, 2010.

_____: «La rectificación de las actas del Registro de Estado Civil por errores materiales, regulada en la Ley Orgánica para la Protección de Niños, Niñas y Adolescentes». En: *Revista de la Facultad de Ciencias Jurídicas y Políticas*. N° 135. UCV. Caracas, 2010.

_____: «El Derecho de Familia en el siglo XXI: Aspectos constitucionales y nuevas tendencias». En: *Revista de Derecho*. N° 31. TSJ. Caracas, 2009.

_____: *La modificación del nombre propio en los niños y adolescentes*. UCV. Caracas, 2008.

VIGO, Rodolfo L.: «Una teoría distintiva 'fuerte' entre normas y principios jurídicos». En: *Sobre los principios jurídicos*. Abeledo-Perrot. Buenos Aires, 1998.

VON IHERING, Rudolf: *La lucha por el Derecho*. 3ª, Temis. Trad. A. POSADA. Bogotá, 2007.

_____: «Teoría de la técnica jurídica». En: *El ámbito de lo jurídico. Lecturas de pensamiento jurídico contemporáneo*. Editorial Crítica. P. CASANOVAS y J. J. MORESO, editores. Barcelona, 1994.

WILLS RIVERA, Lourdes: «Publicidad registral en los actos familiares». En: *Derecho de Familia y registro de la propiedad*. Centro de Estudios Registrales. Madrid, 2001.

YANES, Antonio Rafael: *El registro inmobiliario y el notariado en Venezuela*. Grafiunica. Caracas, 1975.

Decisiones judiciales

TSJ/SC, sent. N° 1187, del 15-12-16.
TSJ/SC, sent. N° 10, del 01-03-16.
TSJ/SC, sent. N° 693, del 02-06-15.
TSJ/SC, sent. N° 1710, del 18-12-15.
TSJ/SC, sent. N° 446, del 15-05-14.
TSJ/SC, sent. N° 1757, del 22-12-12.
TSJ/SC, sent. N° 901, del 27-06-12.
TSJ/SC, sent. N° 2651, del 02-10-03.
TSJ/SCS, sent. N° 014, del 20-01-04.
TSJ/SPA, sent. N° 0087, del 11-02-04.
Tribunal Primero en Funciones de Juicio del Circuito Judicial Penal del estado Apure, del 11-06-12, exp. N° 1U-468-09.

Legislación nacional

Constitución de la República Bolivariana de Venezuela, *Gaceta Oficial de la República Bolivariana de Venezuela* N° 5908 extraordinario, del 19-02-09.

Ley Orgánica para la Protección de Niños, Niñas y Adolescentes, *Gaceta Oficial de la República Bolivariana de Venezuela* N° 6185 extraordinario, del 08-06-15.

Ley de Simplificación de Trámites Administrativos, *Gaceta Oficial de la República Bolivariana de Venezuela* N° 40549, del 26-11-14.

Ley de Registros y del Notariado, *Gaceta Oficial de la República Bolivariana de Venezuela* N° 6156 extraordinario, del 19-11-14.

Ley Orgánica de Identificación, *Gaceta Oficial de la República Bolivariana de Venezuela* N° 6155 extraordinario, del 19-11-14.

Ley Orgánica de la Administración Pública, *Gaceta Oficial de la República Bolivariana de Venezuela* N° 6.147 extraordinario, del 17-11-14.

Ley de Infogobierno, *Gaceta Oficial de la República Bolivariana de Venezuela* N° 40274, del 17-10-13.

Ley sobre Acceso e Intercambio Electrónico de Datos, Información y Documentos entre los Órganos y Entes del Estado, *Gaceta Oficial de la República Bolivariana de Venezuela* N° 39945, del 15-06-12.

Ley Orgánica de la Jurisdicción Especial de la Justicia de Paz Comunal, *Gaceta Oficial de la República Bolivariana de Venezuela* N° 39913, del 02-05-12.

Ley Orgánica de Registro Civil, *Gaceta Oficial de la República Bolivariana de Venezuela* N° 39264, del 15-09-09.

Ley para Protección de las Familias, la Maternidad y la Paternidad, *Gaceta Oficial de la República Bolivariana de Venezuela* N° 38773, del 20-09-07.

Ley Aprobatoria de la Convención sobre los Derechos de las Personas con Discapacidad y su Protocolo Facultativo, *Gaceta Oficial de la República Bolivariana de Venezuela* N° 39236, del 06-08-09.

Ley de Registro Público y del Notariado, *Gaceta Oficial de la República Bolivariana de Venezuela* N° 5833 extraordinario, del 22-12-06 (derogada).

Ley de Protección de Víctimas, Testigos y demás Sujetos Procesales, *Gaceta Oficial de la República Bolivariana de Venezuela* N° 38536, del 04-10-06.

Ley Orgánica del Poder Público Municipal, *Gaceta Oficial de la República Bolivariana de Venezuela* N° 38204, del 08-06-05.

Ley Orgánica del Poder Electoral, *Gaceta Oficial de la República Bolivariana de Venezuela* N° 37573, del 19-11-02.

Ley de Mensajes de Datos y Firmas Electrónicas, *Gaceta Oficial de la República Bolivariana de Venezuela* N° 37148, del 28-02-01.

Ley de Registro Público y del Notariado, *Gaceta Oficial de la República Bolivariana de Venezuela* N° 37333, del 27-11-01 (derogada).

Ley Orgánica del Sufragio y Participación Política, *Gaceta Oficial de la República de Venezuela* N° 5200 extraordinario, del 30-12-97 (derogada).

Código de Procedimiento Civil, *Gaceta Oficial de la República de Venezuela* N° 4209 extraordinario, del 18-09-90.

Convención sobre los Derechos del Niño, *Gaceta Oficial de la República de Venezuela* N° 34541, del 29-08-90.

Código Civil, *Gaceta Oficial de la República de Venezuela* N° 2990 extraordinario, del 26-07-82.

Código de Comercio, *Gaceta Oficial de la República de Venezuela* N° 475 extraordinario, del 21-12-55.

Código de Ética Profesional del Abogado Venezolano, aprobado el 3 de agosto de 1985, por la Junta Directiva del XIII Consejo Superior de la Federación de Colegios de Abogados de Venezuela.

Reglamento de la Ley Orgánica de Identificación para la Identificación de los Indígenas, *Gaceta Oficial de la República Bolivariana de Venezuela* N° 37817, del 13-11-03.

Resolución N° 121220-0656 del Consejo Nacional Electoral, sobre Reglamento de la Ley Orgánica de Registro Civil, *Gaceta Oficial de la República Bolivariana de Venezuela* N° 40093, del 18-01-13.

Resolución N° 120823-511 del Consejo Nacional Electoral, sobre Jueces de Paz Comunal y el ejercicio de las competencias relacionadas con el Registro Civil, *Gaceta Oficial de la República Bolivariana de Venezuela* N° 40011, del 19-09-12.

Resolución N° 100623-0220 del Consejo Nacional Electoral, sobre Normas para regular los libros, actas y sellos del registro civil, *Gaceta Oficial de la República Bolivariana de Venezuela* N° 39461, del 08-07-10.

Resolución N° 080528-551 del Consejo Nacional Electoral, sobre exhorto a los alcaldes a cumplir con el principio de gratuidad del Registro Civil, *Gaceta Oficial de la República Bolivariana de Venezuela* N° 38945, del 04-07-08.

LEGISLACIÓN FORÁNEA

España: Ley 20/2011 del Registro Civil, *BOE* N° 175, del 22-07-11.

Ley 3/2007, de 15 de marzo, reguladora de la rectificación registral de la mención relativa al sexo de las personas, *BOE* N° 65, del 16-03-07.

Ley 40/1999, de 5 de noviembre, sobre nombres y apellidos y orden de los mismos, *BOE* N° 266, del 06-11-99.

Ley Orgánica 7/1992, de 20 de noviembre, por la que se fija la edad de jubilación de Jueces y Magistrados y se integra diverso personal médico en el Cuerpo de Médicos Forenses, *BOE* N° 280, del 21-11-92.

Reglamento de la Ley de Registro Civil, *BOE* N° 296, del 11-12-58.

Ley de Registro Civil, *BOE* N° 151, del 10-06-57.

Ley 29/2002, de 30 de diciembre, primera Ley del Código Civil de Cataluña, *BOE* N° 32, del 06-02-03.

Colombia: Constitución de 1991, con la reforma de 1997.

Cuba: Ley N° 51/1985 de 15 de julio, Ley del Registro del Estado Civil.

Uruguay: Código de la Niñez y de la Adolescencia, Ley N° 17823, del 07-09-*04*.

Ecuador: Ley de Registro Civil, Identificación y Cedulación, *Registro Oficial* N° 070, del 21-04-76.

www.ingramcontent.com/pod-product-compliance
Lightning Source LLC
Chambersburg PA
CBHW061943070426
42450CB00007BA/1034